SYLVIA LISCHER UND GERHARD EISENSCHINK

ITALIENISCHE ALPEN

EDITION UNTERWEGS

MOTORRAD
Europas größte Motorradzeitschrift

ITALIENISCHE ALPEN

EDITION UNTERWEGS

Die schönsten Motorradtouren zwischen
Friaul und Lago Maggiore

Von Sylvia Lischer (Text) und Gerhard Eisenschink (Fotos)

Motor buch Verlag

IMPRESSUM

Einbandgestaltung Katja Draenert unter Verwendung von Abbildungen aus dem Archiv der Autoren

Ein Unternehmen der Paul Pietsch-Verlage GmbH + Co
1. Auflage 2005

ISBN 3-613-02502-7

Sie finden uns im Internet unter
http://www.motorbuch-verlag.de

Satz: IPa, 71665 Vaihingen/Enz
Druck und Bindung: Henkel GmbH, 70435 Stuttgart
Printed in Germany

Inhalt

Passo di Valparola, Gardesana Occidentale, Tre Cime di Lavaredo – italienische Namen von Traumstraßen oder zackigen Berggipfeln zergehen wie Amaretto-Eis auf der Zunge. Und jedes Frühjahr zieht es uns wieder magisch über den Alpenhauptkamm nach Süden. Ist es die Sonne? Das Lebensgefühl? Die Landschaft? Sind es die Kurven?

Die Italienischen Alpen vereinen wie kaum eine Region Fahrspaß auf höchstem Niveau mit einer berückend schönen Landschaft. Mal ehrlich: Viel zu selten lassen wir den heißen Motor nach einer Passfahrt am Straßenrand abkühlen und schauen einfach nur auf diese Berge, lassen uns Zeit, tun ein paar Schritte zu dem glasklaren See gleich um die Ecke. Da ist schon wieder das Verlangen, sich auf der anderen Seite des Passes in unzähligen Kurven zu Tale zu stürzen – und den nächsten Berg wieder hinauf. Diese Straßen können zu Sucht werden. Doch da gibt es auch noch einige der zackigsten Gipfel unseres Planeten, urige Bergdörfer, freundliche Menschen, stille Täler und behagliche Einkehrmöglichkeiten.

Dieses Buch will vermitteln, dass zwischen Friaul und Lago Maggiore viele tolle Ecken zum Entdecken warten – gerade auch abseits der befahrenen Routen. Dass es sich lohnt, ein wenig mehr zu schauen als zu schrubben. Dass es sich lohnt, mit den Menschen über ihre geschichts- und geschichtenreiche Heimat zu reden oder einfach nur sich hinzusetzen und still zu staunen.

Mit einem herzlichen »ci vediamo – wir sehen uns« in Bella Italia

Sylvia Lischer
Gerhard Eisenschink

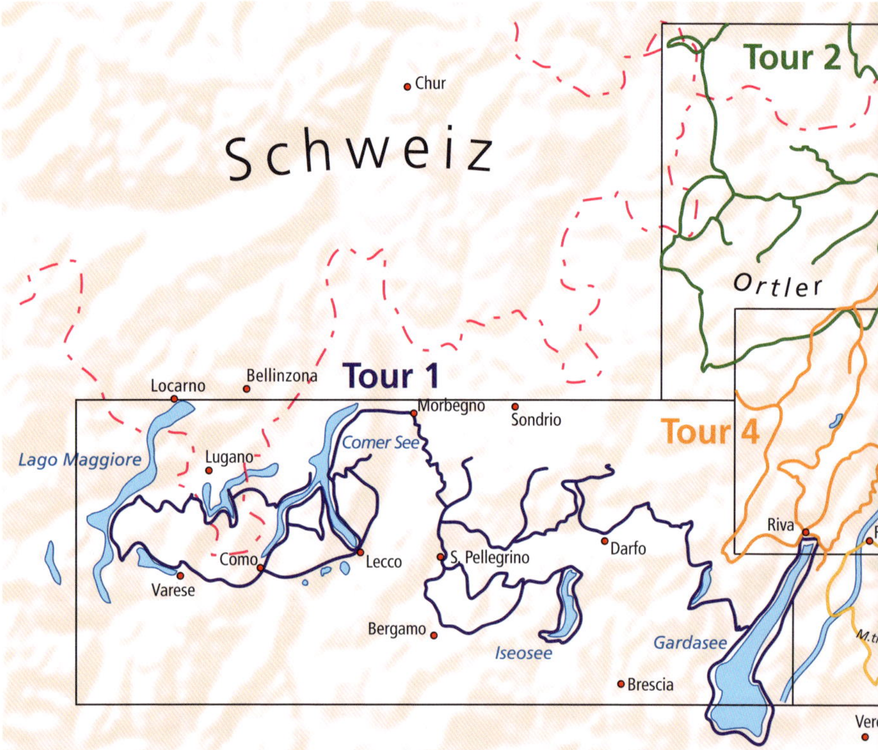

Kurven – Kilometer – Kombinationen

Alle Touren dieses Bandes sind miteinander kombinierbar, um genügend Kurven und Kilometer für eine große Reise durch Italiens Alpen zusammenstellen zu können. Auch Verbindungen zu den Touren des Edition-Unterwegs-Bandes »Österreich« bieten sich an und sind einfach zu fahren. Weitere Alpenbände aus der Edition befinden sich in Vorbereitung – alle Touren lassen sich wie Dominosteine zu größeren Urlaubsfahrten quer durch den Alpenraum zusammensetzen.

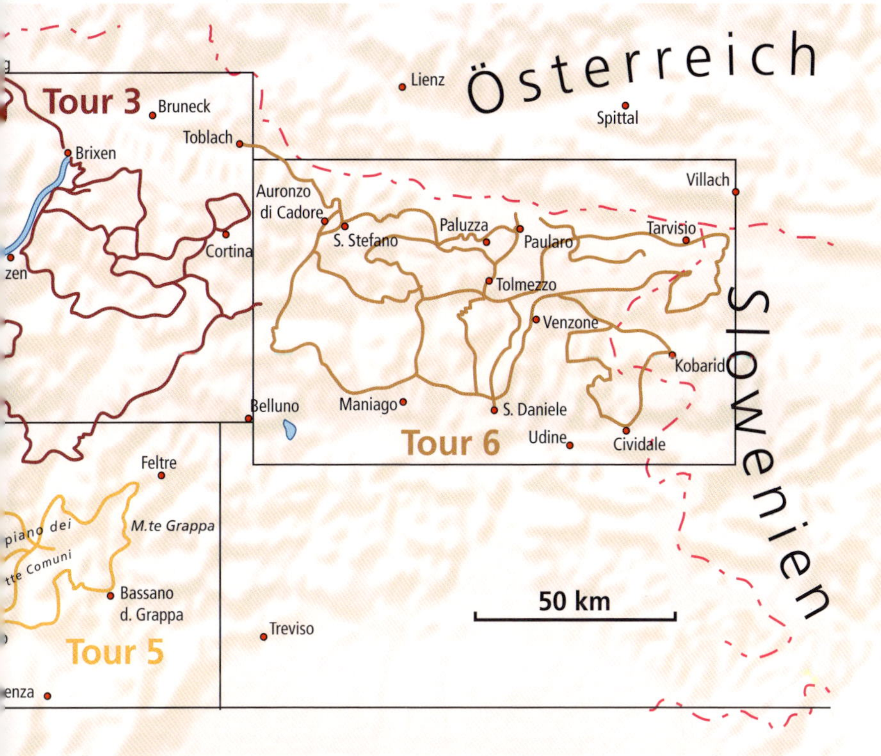

Folgende Symbole werden im Info-Teil verwendet:

Anreise/Route **Literatur** **Informationen**
Varianten **Karten** **Tipp**
Sehenswert **Übernachten** **Internetadressen**

Wenn sich etwas geändert hat, oder falls Sie neue, motorradfreundliche Hotelsund andere Empfehlungen auf Ihren Touren entdecken, schreiben Sie uns bitte unter:

Sylvia Lischer und Gerhard Eisenschink
c/o Motorbuch Verlag
Postfach 103743, 70082 Stuttgart
E-mail: angenehmeruhe@freenet.de

FRÜHJAHRSPUTZ

Bei Varenna am Lago di Como

OBERITALIENISCHE SEEN

Saisonstart in Oberitalien. Wer früh genug anreist, kann das mediterrane Ambiente und die fast schon sommerlichen Temperaturen an Gardasee, Comer See, Lago Maggiore und Co. in Ruhe genießen. Und miterleben, wie man die dazwischen liegenden Passstraßen von den Spuren des Winters befreit.

Am Ortsausgang von Riva tut sich die erste Katakombe der Gardesana Occidentale auf. »Tunnel«, wie auf dem Hinweisschild zu lesen war, scheint untertrieben: Kilometer um Kilometer grob behauene Felswände, diffus gelbes Deckenlicht, gespenstisch dunkle Ecken, Gänsehaut. Ich drossle die BMW auf die vorgegebene Höchstgeschwindigkeit, taste mich um die engen Kurven und gucke durch sporadisch in den Berg gesprengte Luken nach draußen auf den Gardasee. Mehr als 2.000 Arbeiter waren vonnöten, um diese irrwitzige Trasse aus dem Gestein zu hauen. 74 Tunnel mussten gebohrt, 56 Brücken aus dem Fels gehobelt werden, bevor man die 44 Kilometer lange Uferstraße zwischen Riva und Salò 1932 eröffnet hat.

Der Aufwand hat sich gelohnt. In wunderschönen engen und weiten Bögen geht es mal durch den Bauch der Erde, mal an steilen Felswänden und palmenbestandenen Buchten entlang. Zypressen tauchen auf, blühende Oleanderbüsche und die ineinander verschachtelten Tonziegeldächer von Limone. Irritiert vom ständigen Wechsel von Helligkeit und Dunkelheit lege ich in Gargnano einen Zwischenstopp ein und tuckere durch nahezu menschenleere Gassen zum Hafen. Zum Trocknen aufgehängte Wäsche flattert von Balkonen, Fernseher flimmern durch offene Fensterläden, der Ansturm der Touristen hat noch nicht eingesetzt. Ein paar Segelboote, Yachten und Schwäne schaukeln auf den Wellen, im Hintergrund erhebt sich das knapp 2.000 Meter hohe Monte-Baldo-Massiv. Auf seinen Gipfeln stoßen gerade die ersten Krokusse durch den Schnee, während hier unten Orangenbäumchen wuchern, die jetzt Anfang Mai schon Früchte tragen.

Der Zeitpunkt meiner Seentour durch Oberitalien ist gut gewählt. Bei nahezu sommerlichen Temperaturen und geringem Verkehrsaufkommen kurve ich einmal um den Lago di Garda herum und schraube mich dann nach Westen hin in die Berge. Kaum ist der Gardasee im Rück-

spiegel verschwunden, pendelt die Fahrbahn in engen Schleifen am Ostufer des Valvestino-Sees vorbei. Der Blick streift über tiefe Schluchten und zackige Grate, ein frisches Lüftchen weht durchs Visier. Unten am Lago di Garda ist der Frühling fast schon durch. Hier oben sprießt das erste zarte Grün der Buchen. Hinter Capovalle stürzt sich die Fahrbahn in breiten Serpentinen zu Tal, passiert einen stockfinsteren Tunnel und gibt den Blick auf den Lago d'Idro frei – den höchstgelegenen See der Lombardei, umrahmt von voluminösen Bergen. Über Storo und die 240 könnte ich von hier aus zum Ledro-See gelangen. Doch ich will weiter zum Lago d'Iseo, der die Nummer vier auf meiner Seenliste trägt.

Auf dem Weg nach Bagolino folgt Kurve auf Kurve, links und rechts der Fahrbahn schlagen gerade die Lärchen aus, die Hänge sind mit leuchtend gelben Schlüsselblumen übersät. Wunderschön, wäre da nicht ein weißrotes Schild mit der Ankündigung »chiuso« – geschlossen. Wintersperre. Mit langem Gesicht steuere ich die erstbeste Tankstelle an und erkundige mich nach dem

Steile Aussichten: Die Gardesana occidentale ist eine Traumstraße im Fels des Gardasee-Westufers

Sommernachtsgefühle im Hafen von Gargnano

aktuellen Zustand der Strecke. »Libero, libero« versichert der Tankwart und fuchtelt mit den Armen in Richtung Breno. Die Strecke über den Passo di Croce Domini sei frei. Zur Sicherheit frage ich auch noch in der Dorfkneipe nach, woraufhin sich die Stimme des Wirtes im Wettstreit mit der kreischenden Espressomaschine zu überschlagen droht: »aperto« – offen.

Valle del Caffaro, zwanzig bis dreißig Kurven weiter. Waldarbeiter sägen zwei umgestürzte Fichten von der Fahrbahn, am Straßenrand tobt ein Wildbach, eiskalte Luft dringt durchs Visier. Bei Valle Dorizzo röhrt mir eine Kehrmaschine entgegen, dann ist es still. Verwaiste Skilifte ziehen im Augenwinkel vorbei, ein geschlossenes Restaurant, ein geparkter Schneepflug, ein menschenleeres Gehöft. In der Ferne ragen die schneebedeckten Ausläufer des Adamello-Gebirges empor, darüber rabenschwarze Wolken. Ich stelle die Heizgriffe auf Stufe zwei. Vor einer halben Stunde war noch Mai, jetzt herrscht tiefster Dezember.

Zwischenstopp am Durchfahrt-Verboten-Schild bei Kilometer 23. Während ich noch grüble, ob die italienische Vokabel »chiuso« auch etwas anderes als »geschlossen« bedeuten kann,

bollern mir einige Ducati mit brescianer Kennzeichen entgegen. Die Fahrer erläutern, dass die Passstraße – chiuso hin oder her – ohne Probleme zu meistern sei. Also weiter. Im Slalom an Wurzeln, Geröll und herabgestürzten Ästen vorbei. An Schneezungen, die in regelmäßigen Abständen auf die kaum noch handtuchbreite Fahrbahn lecken. Durch den Südzipfel des rund 620 Quadratmeter großen Adamello-Brenta-Naturparks, in dem noch Gämsen, Adler, ja sogar Braunbären heimisch sind. Erspähen lassen sich jedoch nur ein paar Straßenarbeiter, die das vom Winter gezeichnete Asphaltband akribisch wie Schönheitschirurgen von seinen Blessuren befreien. Frühjahrsputz. Quadratmeter um Quadratmeter wird gekehrt, gebürstet, gewienert, werden Schlamm und Steine geschippt, Löcher und Rillen geflickt. Als ich mich unbemerkt vorbeistehlen will, begrüßt man mich freundlich, hält zuvorkommend nach Gegenverkehr Ausschau und winkt mich höflich vorbei.

Passo di Croce Domini, 1.895 Meter. Neben dem gleichnamigen Rifugio erhebt sich ein Schneehaufen, darin steckt eine Eiskarte und ein Schild »aperto« – geöffnet. In der Gaststube scharen sich Ausflügler um den knisternden

Das Hotel Panoramico in Fonteno trägt seinen Namen zu Recht: Der Blick auf den Iseosee ist ein Mega-Panorama. Daneben nimmt sich das alte Backhäuschen von Mama Bertoletti eher bescheiden aus (kleines Bild)

Kamin, auf den Parkplätzen ringsum drängeln sich Trauben von Autos und Motorrädern. Es herrscht das reinste Halligalli. Dabei sind sämtliche Zufahrtswege zur Passhöhe noch bis Anfang Juni mit der Wintersperre belegt. Was soll's. Die Straße nach Breno hat den Frühjahrsputz jedenfalls hinter sich und führt mich in picobello gekehrten Kurven hinunter ins Valcamonica.

Brütende Hitze und brandender Verkehr auf dem Weg zum Iseo-See. Ich schwenke von der SS 42 nach Boario Terme ab, verstaue die Fleece-Pullis in den Koffern und gehe die Lektion in Sachen Passstraßen noch einmal durch: In der Praxis geht es hier nicht um »offen« oder »geschlossen«, sondern um »geht« oder »geht nicht«. Anschließend durchforste ich die Landkarte nach weiteren Bergstrecken. Der Lago d'Iseo kann noch warten.

Im Valle di Scalve entdecke ich eine Straße, die bis auf 1.828

Meter Höhe kreuz und quer durch die Bergamasker Alpen führt: Passo del Vivione, Wintersperre von Oktober bis Mai, Durchfahrt verboten. Für einen Moment stellt sich neben Vorfreude, Adrenalinkick und Neugierde das schlechte Gewissen ein, doch dann fahre ich – gewitzigt durch meine Erlebnisse auf dem Passo di Croce Domini – zügig weiter. Zartgrüne Lärchenwälder rücken ins Blickfeld, blumenübersäte Almwiesen, felsige Bergketten

Palmen und Blüten am Iseosee

mit Schneeflecken auf den Gipfeln. Die Fahrbahn verengt sich mit jedem zurückgelegten Kilometer, vollführt Dreher und Kapriolen, denen ich mit der dicken BMW nur im ersten Gang folgen kann. Nach dem Schild »Attenzione strada interotta« geht es zügiger voran. Die Straße passiert eine geöffnete Schranke, lässt die Baumgrenze hinter sich und klettert, ohne Leitplanke oder Begrenzungsmäuerchen, mit spektakulären Ausblicken den Berg hinauf.

Riskant wird's hier wohl erst, wenn die schmale Passstraße geöffnet und mit Gegenverkehr zu rechnen ist, denke ich mir. Und werde prompt eines Besseren belehrt. Hinter einer Kuppe steht ein Bagger quer, dahinter gähnt – anstelle der Fahrbahn – eine gut fünf Meter lange Kluft. Lektion Nummer zwei: Strada interotta, sprich: unterbrochene Straße, ist ein Hinweis, den man getrost befolgen kann. Kaum ist die Maschine zwischen Abgrund und Felswand gewendet, rollt ein sandbeladener Lkw rückwärts auf mich zu und drückt sich millimetergenau an meinem hastig eingeklappten Seitenspiegel vorbei. Der Fahrer grüßt, die Kippe im Mundwinkel, mit unbewegtem Gesicht. Ich rausche völlig fertig zu Tal, kollidiere dort ums Haar mit einem Betonmischer, weiche einem hektisch umherwieselnden Raupenbagger aus und mache mich schleunigst davon.

Gebirgssträßchen der erlesenen Art auf dem Weg zum Passo del Vivione und Ziegen der zudringlichen Art auf dem Rückweg

Gefoppt: Wer in Foppolo (Bild oben) ein traditionelles Bergdorf sucht, wird enttäuscht. Und wer meint, zeitig im Frühling mit dem Auto über den Passo di San Marco zu kommen, ebenfalls (Bild unten)

Wie Finger durchzieht der Comer See die Landschaft (Bild oben). Das namengebende Como (Bild unten) ist einen Zwischenstopp wert

Nette Hütte: Am Comer See finden sich viele herrschaftliche Villen

Am nächsten Tag erkunde ich, mit blütenreinem Gewissen, die legal befahrbaren Routen rund um den Iseo-See: Westliche und östliche Uferstraße – eh klar, die spektakulär gewundene Stichstraße nach Parzanica, die Panoramastrecke nach Fonteno, Presonlana-Pass, Crocetto-Pass und die kurvige Sackgasse nach Lizzola am Ende des Seriana-Tals. Dann mache ich mich auf den Weg nach Westen. Vorbei am Lago di Endine – See Nummer fünf – in Richtung Lago di Como.

Zwischenstation: San Pellegrino Terme – eine interessante Variation zum Thema Wasser, das hier nicht in See-, sondern in Quellen-Form zu Tage tritt. Wendige Kleinlaster kreuzen meinen Weg, beladen mit jenem sündhaft teuren Mineralwasser, das nahezu jeder Nobel-Italiener zum Drei-Gänge-Menü serviert: San Pellegrino – eine Produktmarke des schweizer Nestlé-Konzerns, der das Edelwässerchen in 100 Länder der Erde exportiert. In der alten Kurstadt, die sich in idyllischer Lage zu beiden Seiten des Brembo-Flusses erstreckt, bröckeln derweil die Stuckfassaden. Das Grand Hotel, in dem Anfang des 20. Jahrhunderts Hochadel und High Society residierte, steht leer, zerbrochenes Glas säumt

Kapelle der Radrennfahrer: Madonna del Ghisallo

die Fensterrahmen. Vis-à-vis sprudelt das kostbare Quellwasser gratis aus einem Hahn vor der Therme – »reserviert für die Einwohner von San Pellegrino«. Verstohlen fülle ich meine Sigg-Flasche ab und rausche durchs Valle Brembana gen Norden.

Ein Abstecher nach Foppolo muss sein, schon wegen der wildromantischen Etappe entlang des Brembo, der kurvenreichen Bergstraße, die durch mehrere Felsgalerien bis auf 1.600 Meter führt. Dann brumme ich über Mezzoldo Richtung Passo di San Marco, der – fast 2.000 Meter hoch – noch bis Ende Mai geschlossen ist. Am Durchfahrt-Verboten-Schild zieht ein gutes Duzend Motorräder an mir vorbei, die Fahrer grüßen, überholen ein Polizeifahrzeug, das im Schritttempo die Straße entlang patrouilliert, und verschwinden zügig in Richtung Passhöhe. Als die Verfolgungsjagd ausbleibt, düse ich hinterher. Die Kurven, die der Frühjahrsputztrupp der Provinz Bergamo längst blank gewienert hat, bieten erstklassigen Fahrspaß, die Aussicht auf die Schneekappen der Bergamasker Alpen ist phänomenal. Abenteuerlich wird's erst, als ein Schild auf der Passhöhe den Eintritt in die Provinz Sondrio signalisiert.

Nachbarschaftshilfe scheint für die Straßenarbeiter aus Bergamo ein Fremdwort zu sein. Kaum ist die Grenzlinie passiert, wachsen fast schulterhohe Schneeberge von der Straße empor. Dazwischen eine Fahrrinne, von der Vorhut des Sondrio-Frühjahrsputztrupps provisorisch durch die Winterpracht gefräst. Für Autos ist hier Endstation, die BMW passt samt Koffern gerade mal so durch. Vorsichtig fahre – nein: füßle – ich bis zum Ende des Geschicklichkeits-Parcours. Dann geht es über die San-Marco-Nordrampe hinab, locker im zweiten, mitunter im dritten Gang. Felsbrocken, Äste und umgefallene Verkehrsschilder umfahrend, vorbei an steilen Berghängen, auf denen von Lawinen niedergewalzte Nadelbäume verstreut liegen.

Dass es auf 1.500 Metern zu graupeln beginnt – egal. Aus dem Schornstein des Rifugio Alpe Lago steigt eine Rauchsäule empor, rund um die Hütte stapeln sich gut fünf Ster Brennholz, als ich anklopfe, empfängt mich die Wirtin in der Küchenschürze und zieht mich mit einem italienischen Wortschwall in die warme Stube. Im Schlafsaal sei noch eine

Fast tropisch wirken die Berge östlich des Comer Sees

Gute Aussichten für die Freunde der Oberitalienischen Seen in den Bergen oberhalb von Varenna

Matratze frei, Decken ließen sich auftreiben, Abendessen vorm Kamin in einer halben Stunde: Ricotta-Käse aus eigener Produktion, Fleischeintopf und Polenta. Am nächsten Morgen schaut ein orange gekleideter Straßenarbeiter-Trupp auf eine Runde Kaffee vorbei, draußen auf der Passstraße röhren die Kehrmaschinen, die Strecke nach Morbegno ist frei.

Bei vier Grad starte ich meine Abfahrt ins Valtellina, brettere über die Schnellstraße nach Cólico am Comer See und reiße mir dort unter Palmen die Sturmhaube vom Kopf. Bei sommerlichen Temperaturen kurve ich entlang der Uferstraße nach Varenna, nehme die Fähre nach Bellágio und klappere die Südhälfte des Comer Sees nach Sehenswürdigkeiten ab. Mittelalterliche Burgen tauchen auf, noble Villen, prunkvolle Plätze, Wassertaxis, Yachten, Tragflügelboote. Zypressen säumen die Straße, Palmen, blühende Rosensträucher. Der Frühling wirft mit Farben und Düften um sich.

Im bergigen Hinterland wirkt es dagegen noch winterlich. Zurück in Varenna, schraube ich mich über ein schmales Sträßchen den schneebedeckten Berggipfeln entgegen, bis sich der Lago di Como aus der Vogelperspektive präsentiert. Von der Alpe Giumello, die ich über ein Stichsträßchen bei Vendrogno erreiche, sind sogar fast sämtliche Laghi bis zum geplanten Tourende zu sehen: Lago di Varese, Lago Maggiore, Lago di Lugano. Dass es auf knapp 1.700 Metern zu graupeln beginnt – egal. Gleich um die Ecke raucht der Schornstein des Rifugio Vittoria, drinnen knistert der Kamin, der Wirt bereitet »Polenta funghi«, »Gnocchi dello Chef« und »Strudel« fürs Abendessen vor. Der Frühjahrsputztrupp der Provinz Lecco schaue morgen früh ganz sicher nicht auf eine Runde Kaffe vorbei, kommentiert er mein Déjà-vu-Erlebnis bezüglich Passo di San Marco. Wer am Ende einer Sackgasse eingeschneit wird, muss auf den Frühling warten.

Sehenswert:

Der **Gardasee** ist des Deutschen liebstes Kind unter den oberitalienischen Seen und zieht im Sommer einen ordentlichen Rummel an. Bei einer Umfahrung ist die Verbindung zwischen Riva und Saló ein Filetstück an Panoramastraße im steilen Fels. **Riva** besticht mit Kastell und einer prächtigen Seepromenade. Einen Stich kleiner und beschaulicher ist das nahe gelegene **Nago-Torbole**. Am Ostufer lockt **Malcésine** mit putzigem Hafen und engen Gassen zum Pausenstopp. Ganz im Süden des Sees ist Sirmione mit Skaliger-Kastell und Altstadt mitten im See ein unverzichtbarer Halt. Mit zinnenbewehrten Mauern, Türmen und Zugbrücken präsentiert sich hier eine der interessantesten Wasserburgen des Mittelalters. Weitere Tipps zum Gardasee finden sich im Infoteil von Tour 4 und Tour 5.

■ Den **Idro-See** streift man nur im Vorüberfahren. Hier hat der Rummel deutlich abgenommen, vor allem weil eine Umfahrung nicht möglich ist und hier die Wanderer und Mountain-Biker ihre Domaine haben.

■ Am **Iseo-See** lohnt es sich, per Boot und auf die steile, bewaldete Insel Monte Isola überzusetzen, auf der es keine Autos oder Motos

Muss sein: Eine Ansichtskarte vom westlichsten Punkt der Reise

gibt. In drei Stunden hat man sie umwandert und trifft auf urige Dörfer mit steilen Gassen. Bei der Motorradtour um den See ist vor allem der Ort **Iseo** mit schöner Uferpromenade und engen Gassen sehenswert.

■ **Bérgamo** ist nur 25 km vom Iseo-See entfernt und ein Schmuckkästchen. Auf einem Hochplateau liegt die perfekt erhaltene Altstadt mit venezianischer Mauer, rot gepflasterten Gassen und stilvollen Piazzas. Viele der edlen Geschäfte sind nostalgisch eingerichtet und fügen sich in das historische Ambiente ein. Die moderne und quirlige Neustadt von Bergamo findet sich zu Füßen der Altstadt in der Ebene.

■ Die Quelle von **San Pellegrino** wurde schon vor 700 Jahren entdeckt. Mitte des 19. Jahrhunderts wurde der Ort in den lombardischen Alpen zum Thermalbad, im Grand Hotel stieg der Hochadel ab. Heute ist das prunkvolle Haus sehenswerte Bauruine, während das Mineralwasser weltweiten Ruf genießt. Sehenswert sind auch das restaurierte alte Casino mit Park und die Therme über dem Ort.

■ Der See der Reichen und der Dichter ist der vielgepriesene **Comer See** mit seinem ausnehmend milden Klima. Prächtige Villen, üppige Gärten mit Zypressen und Palmen und mondäne Promenaden säumen sein Ufer. Besonders schöne Orte mit dem Charme der Belle Epoque sind **Bellano, Varenna, Bellagio** und **Menaggio**. Einen gigantischen Ausblick auf den gesamten See hat man vom **Castello di Vezio** oberhalb von Varenna und von der **Villa Monastero** nahe des See-Ufers des Ortes.

■ Ein Muss für Freunde historischer Motorräder: **Moto-Guzzi-Museum** in Mandello del Lario (10 km nördlich von Lecco). Das Museum befindet sich innerhalb des Moto-Guzzi-Werks in der Via Parodi 57. Ausgestellt sind über 100 Motorräder ab Baujahr 1921. Geöffnet Mo bis Fr 15 bis 16 Uhr.

Infos unter Tel.: 0039-0341-709111, Internet: www.larioonline.it/deutsch/lecco/motoguzzi.html und www.motoguzzi.it .

■ Der Hauptort **Como** hat zwar in seiner Peripherie Industrie, besticht aber mit nobler Seepromenade und Yachthafen sowie Dom, prächtigen Piazzas und edlen Geschäften. Auch Lecco ist eine verkehrsreiche Industriestadt, die aber in der Altstadt und an der Uferpromenade ein mondänes Flair verströmt und sehenswert ist.

■ Das winzige **Cáreno** (Ostufer des Como-Seearmes) ist so steil, dass man nur zu Fuß in den Ort gelangt. Die engen Gassen und die abgelegenen Winkel am See lohnen es.

Frühling am Lago di Como

■ Kirchendekoration der anderen Art: Die **Wallfahrtskapelle Madonna del Ghisallo** bei Magreglio (nahe des Westufers des Lago-di-Lecco-Seearmes), hat man zu Ehren der »Schutzpatronin der Radrennfahrer« mit Rennrädern, Radtrikots und Siegertrophäen ausgestattet.
■ Eine Zweiländerfahrt ist die Umrundung des **Luganer Sees**, der sich als krakenarmiges Labyrinth zwischen der Schweiz und Italien erstreckt. Ein Kuriosum ist dann noch ein Stück Italien auf schweizerischem Territorium: Campione d'Italia. Infos über die italienische Enklave und ihr berühmtes Casino unter www.campioneitalia.com und www.casinocampione.it
■ Am **Lago Maggiore** sind die touristisch interessantesten Orte **Stresa, Baveno** und **Cannobio** (am Westufer; außerhalb der beschriebenen Tour). Direkt auf der Tour findet sich westlich von Leggiuna direkt am See in spektakulärer Lage die Einsiedelei Santa Caterina del Sasso, ein auf das Mittelalter zurückgehendes Kloster mit Sahneblick auf den Lago.

Literatur:

Zur Einstimmung: HB Bildatlas Nr. 270 »Oberitalienische Seen« für 8,50 Euro.
■ Informativ für unterwegs: »Oberitalienische Seen« aus dem Michael Müller Verlag für 15,90 Euro.
■ Mit Schwerpunkt auf dem Gardasee gibt es aus dem Reise-Know-How Verlag den Titel »Gardasee, Verona, Trentino« für 17,50 Euro.
■ Weiter ausgreifend ist der Baedeker-Allianz-Reiseführer »Lombardei, Mailand, Oberitalienische Seen« für 19,95 Euro.

Karte:

Generalkarte Italien, Blatt 2, »Lombardei« im Maßstab 1:200.000, Preis 7,50 Euro, Mairs Geographischer Verlag.
■ Detaillierter ist die ADAC-Karte »Oberitalienische Seen« im Maßstab 1:150.000 für 7,50 Euro – sie deckt jedoch nur das Gebiet um Lago Maggiore, Lago di Como, Lago Lugano und Lago d'Iseo ab.

Übernachten:

Hausgemachte Pasta, familiäre Atmosphäre und den wohl grandiosesten Blick auf den Lago d'Iseo von hoch oben genießt man im Hotel Panoramico, Via Palazzine 30, Fonteno, Tel.: 0039-035-969027, Fax: -969048, E-Mail: info@panoramico.it, Internet: www.panoramico.it. Für die Übernachtung mit Frühstücksbuffet im DZ zahlt man pro Person ab 28,50 Euro.

■ Idyllisch am Westufer des Gardasees gelegen ist das Hotel Meandro, Via Repubblica 40, Gargnano, Tel.: 0039–0365-71128, Fax: -72012, E-Mail: info@hotelmeandro.it, Internet: www.hotelmeandro.it. Die Übernachtung mit Frühstücksbuffet im DZ kostet pro Person ab 39 Euro.

■ Einfach, aber urgemütlich ist das Rifugio Alpe Lago an der Nordrampe des Passo di San Marco (Kilometer 27), Tel. (mobil): 0039-333-3837326 oder 0039-338-5699172, Internet: www.waltellina.com/orobie/alpelago/index.htm. Für die Übernachtung mit Halbpension zahlt man 26 Euro pro Person.

Rasten nach der Tour mit Gardasee-Blick – im Hotel Meandro in Gargnano

■ Nobel, mit Blick auf den Lago di Como, residiert man im Hotel Metropole & Suisse, Piazza Cavour 19, Como, Tel.: 0039-031-269444, Fax: - 300808, E-Mail: info@hotelmetropolesuisse.com, Internet: www.hotelmetropole suisse.com. Für die Übernachtung mit Frühstücksbuffet im DZ zahlt man pro Person ab 67 Euro.

■ Zu Füßen des Presolana-Passes nächtigt man im Hotel Aurora, Via S. Antonio 19, Castione de la Presolana, Tel.: 0039-0346-60004, Fax: -60246, E-Mail: info@auro raalbergo.it, Internet: www.auror aalbergo.it. Die Übernachtung mit Frühstücksbuffet kostet pro Person ab 22,50 Euro.

■ In Lecco empfiehlt sich verkehrsgünstig nahe der Uferpromenade und unweit der Altstadt das Hotel Alberi (Via Lungo Lario Isonzo 4, Tel.: 0039-0341-350992, Internet: www.hotelalbe ri.lecco.it). Für das Doppelzimmer mit Frühstück zahlt man 38 Euro pro Person.

Fast so schön wie Motorradfahren: Windsurfen am Gardasee

Informationen:

Tourismusverband der Region Lombardei, Via Fabio Filzi 22, Mailand, Tel.0039-02-67651, Internet: www.regione.lombardia.it (mit deutschsprachigen Infos zum Runterladen), E-Mail: postaweb@regio ne.lombardia.it . Außerdem: Trentino S.p.A., Via Romagnosi 11, Trento, Tel.: 0039-0461-839000, Fax: -260245, Internet: www.trentino.to, E-Mail: info@trentino.to .

Internet-Adressen:

Wetterinfos, Sehenswert, Restaurant-Tipps, Shopping und Aktivitäten rund um den Gardasee unter www.gardalake.it (englischsprachige Seite).

- Fährverbindungen, Veranstaltungen, Ortsbeschreibungen, Unterkünfte am Gardasee unter www.gardasee.de
- Nützliche Infos der jeweiligen APTs rund um den Gardasee unter www.bresciaholidays.com, www.aptagardveneto.com und www.gardatrentino.it .
- Aktivitäten, Sehenswert, Veranstaltungen, Restaurant-Tipps unter www.lagodigarda.it
- Museen, Restaurants, Sehenswert, Sport am Comer See unter www.lakeofcomo.info (englischsprachige Seite).
- Sehenswert, Aktivitäten, Unterkünfte, Restaurant-Tipps für die Provinz Bergamo unter www.turismo.bergamo.it .
- Naturparks, Museen, Unterkünfte, Restaurant-Tipps für die Umgebung des Iseo-Sees unter www.invallecamonica.it .

Gardasee und Mittelalter: Sirmione mit seinem Skaliger-Kastell

Bauruine mit Stil: Das Grand Hotel in San Pellegrino beherbergte einst den Hochadel

■ Tourentipps für Motorradfahrer, Berghütten, Unterkünfte in der Provinz Lecco unter www.aptlecco.com (italienischsprachige Seite).
■ Das Wetter in der Lombardei unter www.arpalombardia.it .
■ Ortsbeschreibungen, Ausflugstipps, Veranstaltungen, Straßenmärkte rund um den Lago Maggiore unter
www.reisefuehrer-lagomaggiore.de und www.maggiore.ch .

Tipp:

Zwei aussichtsreiche Bergsträßchen am westlichen Gardasee-Ufer führen einmal von Salò über San Michele nach Gardone und von Tignale über Tremosine an die Uferstraße.
■ Für sagenhafte Panoramablicke auf den Idrosee fährt man am Ostufer nach Zone hoch und am Westufer nach Fonteno oder von Tavernola auf den Monte Saresano.

■ **Achtung:** Wer die beschriebene Tour Anfang Mai nachfahren will, verstößt auf manchen Pässen offiziell gegen die Wintersperre und handelt auf eigenes Risiko. Meist wird die Durchfahrt aber ohne Probleme geduldet – manchmal endet die Fahrt allerdings vor einem fehlenden Stück Straße, das noch nicht in Stand gesetzt ist.

Nächste Doppelseite: Westlich des Ortler-Massivs finden sich noch Reste der alten Pass-Straße nach Bormio

HINTERHERGEREIST

ORTLER-UMRUNDUNG

ORTLER-UMRUNDUNG

Uralte Römerstraßen, aberwitzige Serpentinenstrecken und Ötzis Alpenüberquerung: Rund um den Ortler erlebt man nicht nur Strecken und Landschaften der alpinen High-End-Klasse, sondern auch ein Stück Fortbewegungsgeschichte der Menschheit.

Traumlandschaft: Südlich des Reschensees baut sich der Ortler mit seinen Nebengipfeln auf

Füssen, Imst, Landeck, noch 40 Kilometer bis Italien. Der Fernpass liegt hinter mir, nach Süden hin überquert der Reschenpass den Alpenhauptkamm. Als Kind war ich hier mit meinen Eltern unterwegs zur Adria. Und um mich bei Laune zu halten, erzählte mir mein Vater von den Römern, die vor gut 2.000 Jahren fast auf derselben Strecke unterwegs waren. Via Claudia Augusta hieß die Straße damals.

Einige Ducati bollern vorbei, schätzungsweise 100 PS bei 200 Kilo Leergewicht. Direkte Nachfahren der Maultierkarren und Pferdegespanne, die auf besagter Via Claudia Augusta über die Alpen rumpelten. Die von Kaiser Claudius im Jahr 46/47 nach Christus vollendete Trasse war fünf bis sieben Meter breit, führte von Augsburg nach Venedig und war bis zum Ausbau der Brenner-Route die wichtigste Nord-Süd-

Verbindung über die Alpen. Bei Landeck sind die Spuren der 1,30 Meter hohen römischen Wagenräder noch heute sichtbar.

Hinter Pfunds wird das Inntal schluchtartig eng, die zackigen Gipfel der Zentralalpen rücken näher. Dürfte eine echte Herausforderung gewesen sein, die sich den römischen Straßenbauern hier stellte. Felsen mussten abgetragen, Erde aufgeschichtet, Dämme errichtet, Tunnel und Brücken gebaut werden. Der Streckenverlauf wurde so perfekt durchdacht, dass die moderne Bundesstraße auf großen Abschnitten noch immer der römischen Straße folgt.

So abenteuerlich die Trassenführung über die Alpen auch gewesen sein mag, die spannende Kurvenfolge am Finstermünz-Pass blieb den Reisenden der Antike versagt. Die Via Claudia Augusta folgt bis zur Festung Altfinstermünz dem Inntal, während ich auf der Pass-Straße nach Nauders rausche. Fast in Tuchfühlung mit der Felswand, aus der man die Fahrbahn herausgehobelt hat. Genial. Als bei Nauders der Kurvenspaß hinter mir liegt, durchforste ich die Landkarte nach weiteren Herausforderungen.

Kaum im Engadin, keine zehn Kilometer von Nauders entfernt, stoße ich auf eine Straße, die

Die alte Pass-Straße nach Samnaun darf als eine der urigsten Tunnelstrecken der Alpen gelten

In den Katakomben der alten Samnaun-Tunnel fühlt man sich im Bauch der Erde

noch original aus Römerzeiten stammen muss. Zumindest lassen das die mit Holzbalken gestützten Felstunnel vermuten, die aussehen wie altertümliche Bergwerkschächte. Doch Fehlanzeige. Nicht einmal hundert Jahre ist es her, dass die Schweiz diesen verwegenen Verbindungsweg nach Samnaun errichtet hat. Ich taste mich zu Fuß in einen der finsteren Tunnel und gucke durch winzige Felsluken hinunter in die Klüfte. Mit einmal beginnt es zu grollen, als ginge draußen eine Steinlawine zu Tal. Doch es sind nur acht Gold Wing, die unter tagheller Illumination mit jeweils unterschiedlicher Techno-, Rock- und Pop-Beschallung vorbeiziehen.

Am Ende der abenteuerlichen Bergfahrt stoße ich auf das Bergdorf Samnaun. Zollfreier Status hat das dörfliche Idyll zur internationalen Drehscheibe gemacht. »Duty Free Center«, »Zollfrei einkaufen«, »Zigaretten, Spirituosen, Parfüm« – der Schilderwald nimmt kein Ende. Schnäppchenjäger stürmen durch die Gassen. Ein wenig vom ursprünglichen Charakter ist dennoch geblieben: Zwischen Parfüms von Christian Dior und Emporio Armani findet sich auch Ringelblumenessenz und Murmeltierbalsam.

Die schweizerisch-österreichische Grenze taucht auf, ein schar-

fer Blick durchdringt den Tankrucksack, keine zollpflichtige Ware, danke, weiterfahren. Die Zöllner sind auf Zack. Schließlich weiß jeder, dass im Dreiländereck Schweiz-Österreich-Italien ein Netz uralter Schmugglerpfade existiert. Am Abend – ich bin zurück in Nauders – erzählt mir der Wirt vom Nauderer Hof nach dem zweiten Glas Südtiroler Cabernet, wie er in der kargen Zeit nach dem Zweiten Weltkrieg Rinderfelle, Autoreifen, Säcke voller Kugellager, ja sogar Kuhherden über die Grenze geschmuggelt habe. Drüben in Italien gab's halt schon damals vorzüglichen Wein – wir stoßen an – und beim schweizerischen Nachbarn Zucker und Tabak. Lukrative Sache, an der nahezu jeder Nauderer inklusive Bürgermeister ein Zubrot verdiente.

Am nächsten Morgen geht's über den Reschen nach Italien. Spannender als der Pass ist hier allerdings der gleichnamige See. Seine Stauung 1949 hat nicht nur die alte Straße, sondern gleich mehrere Dörfer überflutet. Wie ein Periskop lugt der Kirchturm von Graun als letztes Überbleibsel aus dem Wasser. Zehn Kilometer weiter, in Burgeis, ist alles trocken geblieben. Heuwagen tuckern durch die engen Gassen, am alten Dorfbrunnen spielen die Kinder.

Seit der Stauung des Reschensees erinnert nur noch der Kirchturm an den gefluteten Teil von Graun

Nächste Doppelseite Alpenpass der Superlative: Das Stilfser Joch

Rechte Seite: Europa der offenen Grenzen am Umbrail-Pass

Auf der Zielgeraden zum Gavia-Pass

2.000 Arbeiter schufteten. Und das seitdem kaum eine Veränderung erfuhr. Abgesehen davon, dass der Pass mittlerweile eine Asphaltdecke trägt und an den Stellen, wo das kaum kniehohe Begrenzungsmäuerchen eingebrochen ist, gefüllte Plastikkanister statt Sandsäcken als Auffangbarrieren stehen. Abenteuerlich. Nach 30, 40 nonstop abgespulten Haarnadelkurven fühle ich mich wie nach einem Slalomlauf – die Königin der Alpenstraßen. Nur drei Sommermonate kann sie erlebt werden, sonst liegt sie unter Schnee und Eis.

Auf der Passhöhe dann der reinste Rummelplatz: Restaurant- und Hotelklötze, Würstchenbuden, Souvenirshops und Motorräder. Hinter der Tibethütte finde ich eine stille Ecke mit Aussicht auf die zurückgelegte unglaubliche Strecke und trage sie feierlich in mein Reisetagebuch ein. Die frostigen Gipfel der Ortlergruppe ragen ganz nah in den Himmel: Ortler-, Königs-, Dreisprachen- und Thurwieserspitze sowie die Trafoier Eiswand. Im Ersten Weltkrieg verlief hier auf fast 4.000 Metern die Frontlinie zwischen Österreich und Italien.

STOP

Fast zu schön zum Weiterfahren: Das Ortler-Massiv von Süden bestaunt

Noch immer tauchen Patronenhülsen, Uniformknöpfe und Konservendosen aus jenen Tagen im Schnee auf. Zu Kriegsbeginn, als die Stilfser-Joch-Straße bereits unter Beschuss lag, musste jeder Suppenlöffel und jedes Kanonenrohr über Fels und Eis nach oben geschleppt werden. Pfade, Steige, handbetriebene Seilbahnen und kilometerlange Eisstollen entstanden dafür. Auf den Gipfeln saßen sich dann Italiener und Österreicher bei eisigsten Temperaturen bis an die Zähne bewaffnet gegenüber. Die alten Schützengräben sind in den kargen Höhen der umliegenden Berggipfel noch wie Narben zu erkennen.

Nach einer kurzen Geraden führen 34 schnittigen Kehren hinunter nach Bormio. Dramatische Felsüberhänge, dunkle Steintunnel, dazwischen der flüchtige Blick auf einen alten Straßenabschnitt, auf dessen rissigem Asphalt leuchtend gelb Löwenzahn blüht. Eine kurze Schonfrist zwischen Bórmio und Santa Catarina. Dann geht's Schlag auf Schlag: Gaviapass, Tonalepass, Gampenjoch - Wege, die sich seit

Jahrtausenden über die Bergkämme schlängeln. Händler, Krieger, Wallfahrer zogen hier entlang. Die Biker lösten sie dann ab.

Es dämmert schon, als ich an beleuchteten Burgen und Schlössern vorbei nach Meran hineinrolle, das bereits im Römischen Reich einen wichtigen Schnittpunkt zwischen Reschen- und Brenner-Route bildete. Kurpromenade, Thermenpromenade, Winterpromenade – der Kontrast zu den eisigen Schützengräben könnte nicht größer sein.

Am nächsten Morgen geht es in aller Früh durchs Passeiertal. Vor mir liegt das Timmelsjoch, mit 2.483 Metern die einzige gletscherfreie Passage über den Alpenhauptkamm zwischen Brenner und Reschen. Auf knapp 30 Kilometern überwinde ich noch einmal fast 1.800 Höhenmeter. Im Ötztal schlängeln sich elf Kehren wieder hoch in die Eiszeit. Die Wärme im palmenbestandenen Meran ist wie weggeblasen, fröstelnd ziehe ich die Sturmhaube bis über die Nase. Auf der Ötztaler Gletscherstraße, mit 2.800 Metern die höchste Panoramastraße der Ostalpen, weht eine frische Brise. Direkt am Fahrbahnrand baut sich das ewige Eis des Rettenbachgletschers auf. Gletscherbäche tosen talwärts, die alles zu Tage bringen, was sich je auf der eisigen Oberfläche verfangen hat. Wie Ötzi, der nach rund 5.300 Jahre aus dem Similaungletscher wieder zum Vorschein kam.

Erste Hinweise auf den legendären Gletschermann begegnen mir in Sölden: Ötzialm, Ötzikeller, Ötzis Schuppen – Bars und Discos im Steinzeitlook. Dass das Ötzi-Dorf in Umhausen kein weiterer Tanzschuppen ist, lässt das Schild: »Heute 14 Uhr Feuermachen« vermuten. Tatsächlich – in

Beschauliche Wege um Nauders (oben) und wilde Felsenlandschaft am Timmelsjoch (unten)

Gletscher zum Anfassen auf der Öztaler Gletscherstraße bei Sölden (links) und meditative Momente zum Ende der Tour am Reschensee (rechts)

einem Freilichtpark stoße ich auf historisch fundierte Rekonstruktionen steinzeitlicher Siedlungsformen. Nur die Speisekarte stößt in Sachen Jungsteinzeit an ihre Grenzen. »Ötzis Einkehr« serviert heute Lauchcremesuppe mit Kräutercroutons.

Mit einem praktischen Feuerstein-Set im Tankrucksack fahre ich zurück nach Meran und dirigiere die BMW der letzten Touretappe entgegen: Etschtal, oberer Vinschgau, Reschenpass. »Frozen Fritz« wie die Amerikaner Ötzi nennen, hat einen anderen Weg gewählt. Doch seine unvollendete Reise steht für das wohl tragischste Ende einer Alpenüberquerung: Zwischen Schnalstal und Ötztal trifft ihn ein Pfeil in die Schulter, er wird von einem Gletscher verschluckt und findet sich nach über 5.000 Jahren bei minus sechs Grad hinter Panzerglas im Archäologischen Museum in Bozen wieder – ein gutes Stück weiter südlich als seine Reise nach Norden einst begonnen hat.

INFO ORTLER-UMRUNDUNG

Uralte Römerstraßen, aberwitzige Serpentinenstrecken und Ötzis Alpenüberquerung: Rund um den Ortler haben die Menschen schon immer wichtige Verkehrswege beschritten. Und dabei respektvoll einen Bogen um das 3.900 Meter hohe Massiv gemacht, das zu den markantesten Bergen der Alpen zählt. Bis auf die Westflanke des Riesenklotzes, wo Motorradfahrer einen Reigen an spannenden Pass-Strecken finden – das ideale Wechselbad zu den harmonischen Tallandschaften im Dreiländereck Italien – Schweiz - Österreich.

Route:

Landeck – Pfunds – Samnaun – auf der alten Tunnelstrecke über Martina nach Nauders – Reschenpass – Schluderns – Prad – Stilfser Joch – Umbrail-Pass – Müstair – Schluderns – Prad – Abstecher Sulden - Stilfser Joch – Bormio – Gavia-Pass – Ponte – Cles – Tassullo – Revo – Fondo – Gampenjoch – Lana – Abstecher Ultental - Meran – Abstecher Passeiertal (Timmelsjoch, Sölden, Ötzi-Dorf) – Naturns – Abstecher Schnalstal – Schlanders – auf winzigem Sträßchen über Tannas nach Schluderns – Reschenpass – Pfunds - Landeck → **rund 690 km**

Varianten:

Eine ideale Erweiterung der Tour führt von Bormio über den Passo di Foscagno nach Livigno und über die Forcola di Livigno in die Schweiz. Über das Val Poschiavo/Lago di Poschiavo und das obere Veltlin/Valtellina kommt man wieder auf die Hauptroute in Bormio (zusätzlich rund 130 km).

■ Alternativ kann man diese Runde ausweiten, wenn man von Livigno nicht nach Südwesten fährt, sondern am Stausee entlang nach Nordosten durch den mautpflichtigen Tunnel (ab 20:00 für die Nacht gesperrt) in die Schweiz fährt. Über das Ober-Engandin und den Bernina-Pass geht es dann ins Veltlin und zurück nach Bormio (190 km für diese längere Variante).

■ Eine dritte Variante ist die Strecke Bormio – Livigno – Tunnel – Ofenpass – Umbrail – Bormio (mit 100 zusätzlichen km die kürzeste Alternative).

■ Verbindung zu Tour 1 (Oberital. Seen) besteht über das Obere Veltlin oder über Ponte di Legno und den Passo dell‘ Aprica zum Comer See oder von Ponte di Legno – Edolo über die SS 42 zum Iseo-See.

Der Vinschgau ist bekannt für seine romanischen Kirchen

■ Tour 4 läuft nördlich der Brentagruppe und im Val di Non/Lago di Santa Giustina parallel und für Tour 3 zweigt man nach dem Lago di Santa Giustina in Fondo nach rechts zum Mendelpass ab und kommt – landschaftlich spektakulär – ins Etschtal und nach Bozen.

Reste der alten Pass-Straße nach Bormio

Pässe der Region:

Stilfser Joch (2.758 m)
Umbrail (2.501 m)
Passo di Foscagno (2.291 m)
Passo d'Eira (2.209 m)
Ofenpass (2.149 m)
Forcola di Livigno (2.315 m)
Berninapass (2.330 m)
Gaviapass (2.621 m)
Passo del Tonale (1.884 m)
Gampenjoch (1.512 m)
Timmelsjoch (2.491 m)

Sehenswert:

Nicht nur für die günstigsten Benzinpreise weit und breit und sonst allerlei zollfreie Schnäppchen lohnt die Fahrt in die schweizerische Enklave **Samnaun**, die nur über Österreich zu erreichen ist. Das früher völlig abgelegene Bergdorf ist von hohen Bergen umrahmt und liegt am Ende eines landschaftlich sehr reizvollen Tales. Wer es nicht eilig hat, fährt die abenteuerliche Tunnelstrecke am Südrand des Tales und erlebt eine ausgesetzte, mitten in den Berg gemeißelte alte Gebirgsstrecke der besonderen Art.

■ Eine weitere Adresse für Schnäppchenjäger und Billigtanker ist **Livigno**, ebenfalls eine von Bergen abgeriegelte zollfreie Zone. Auch fahrtechnisch ist diese Erweiterung der beschriebenen Route durch die hohen Pässe ein besonderes Schnäppchen.

■ Vom Westufer des 1949 künstlich entstandenen **Reschensees** aus erreicht man die **Reschner Alm**, die nicht nur mit deftiger Brotzeit, sondern vor allem einem gigantischen Berg- und Reschensee-Blick

Glücksgefühle: Das Ortler-Massiv vom Vinschgau aus gesehen

aufwartet. Aus dem See ragt gespenstisch der Kirchturm des überfluteten Teiles von Graun empor.

■ Sulden im gleichnamigen Tal ist berühmter Skiort und Ausgangspunkt für Bergwanderungen im Ortlermassiv. Das schneebedeckte Haupt des Riesenberges thront hoch über dem Ort – während Himalaya-Gefühle mitten im Ort **Reinhold Messners Restaurant »Yak und Yeti«** bietet. Infos unter Tel.: 0039-0473-613266. Auch zwei von Reinhold Messner geschaffene Museen gibt es im Ort: das winzige »Flohhäuschen« mit alpinen Kuriosa und ganz neu das **Messner-Eis-Museum**, das sich thematisch den Alpengletschern widmet. Infos beim Fremdenverkehrsverband Sulden unter Tel.: 0039-0473-613015.

■ **Trafoi** liegt direkt am Beginn der Stilfser-Joch-Straße, einem der markantesten Pässe der Alpen. Wissenswertes über den Nationalpark Stilfser Joch und die Natur rund um den Ortler erfährt man im Ort im **Nationalparkhaus »naturatrafoi«**, Tel.: 0039-0473-612031, Internet: www.naturatrafoi.com .

■ Interessantes über den Ersten Weltkrieg gibt es in Temù (bei Pontedilegno nahe des Tonale-Passes) im **Museo della Guerra Bianca in Adamello** zu sehen. Via Adamello, 25050 Temù, Tel.: 0039-0364906420.

INFO ORTLER-UMRUNDUNG

Brotzeit-Tour: Vom Reschensee führt ein schmales Sträßchen hoch zur Reschner Alm

■ Das **Ultental** führt von Nordosten an das Ortler-Massiv heran und war lange Zeit sehr abgelegen. Die landschaftlich sehr abwechslungsreiche Fahrt zeigt über 40 km einen ständigen Wechsel von Schluchten, Weiden, Stauseen, alten Bergbauernhöfen und hübschen Orten.

■ **Meran** hat auch heute noch den Charme eines mondänen Heilbades – gepaart mit erstaunlich großstädtischer Regsamkeit. Im 19. Jahrhundert war hier Hochadel wie Kaiserin Sisi regelmäßig zu Gast, heute locken mehr die tollen Kneipen, Straßencafés und verwinkelten Gassen, um nach der Tour etwas Stadt und Szene zu genießen. Unbedingt zum Bummeln und Einkaufen geeignet: die enge Laubengasse mit den ältesten Häuser der Stadt und interessanten Geschäften in den mittelalterlichen Arkadengängen.

■ Am nördlichen Stadtrand von Meran liegt der Ort **Tirolo/Dorf Tirol** mit einem der meistbesuchten Tourismus-Magneten Südtirols: Schloss Tirol in bezeichnend schöner Lage über den Weinbergen. Wer zur Hauptreisezeit kommt, kann sicher sein, von Besuchermassen erdrückt zu werden.

■ Im Touriseum von **Schloss Trauttmannsdorf** am Ostrand von Meran unternimmt man eine Zeitreise durch die südtirolische Tourismusgeschichte. In 18 Ausstellungsräumen finden sich historische Landkarten, kuriose Reiseutensilien, Infos zu prominenten Reisenden wie Louis Trenker und Kaiserin Sisi u.v.m. Angegliedert ist ein sehenswerter botanischer Garten. St. Valentin Straße 51 a, Meran, Tel.: 0039-0473-270172, Internet: www.touriseum.it .

■ Gletscher zum Anfassen: Ein Abstecher nach Österreich führt nach **Sölden**, wo die Ötztaler Gletscherstraße (mautpflichtig) als die höchste Panoramastraße der Ostalpen auf 2.800 Metern hochführt - direkt an das Eis des Rettenbach- und des Tiefenbachgletschers.

■ Im archäologischen Freilichtpark **Ötzidorf** in **Umhausen** (Ötztal) geht es um die Menschen in der Jungsteinzeit. Tel.: 0043-5255-

50022. Internet-Infos unter www.oetzi-dorf.com. Die Überlebensschule Tirol bietet auf dem Gelände Schnupperkurse für Ötzi-Fans an, u.a. mit Bogenbauen, Feuermachen und Spurenlesen. Infos unter Tel.: 0043-5264-20113.

■ Der **Vinschgau** ist eine langgezogene Tallandschaft mit vielen Obstgärten. Wenngleich stark vom Durchgangsverkehr in Mitleidenschaft gezogen, haben viele Vinschgau-Orte sehenswerte alte Bausubstanz. Besonders empfehlenswert ist ein Stopp in **Glurns** mit seinem mittelalterlichen Ambiente und der perfekt erhaltenen Stadtmauer. Die **Churburg** in **Schluderns** gehört zu den besterhaltenen Burganlagen Südtirols und verfügt über eine umfangreiche mittelalterliche Rüstungssammlung. Tel.: 0039-0473-615241, Internet: www.churburg.com.

■ Sehenswert ist die im 13. Jahrhundert erbaute Burganlage von **Schloss Juval** bei Naturns am Eingang zum Schnalstal. Seit 1983 im Besitz von Reinhold Messner, gibt es dort jede Menge Reisesouvenirs des Extrembergsteigers zu sehen. Infos unter Tel.: 0039-348-4433871, Internet: www.reinhold-messner.de .

Dreiländer-Tour: Im Unterengading zeigt die Schweiz Flagge

■ Das **Schnalstal** führt vom Vinschgau zu sehr schönen Bergbauernhöfen (u.a. zum höchsten in Südtirol) und an seinem Ende ganz nahe an die Bergriesen des Alpenhauptkammes. Es war auch der letzte Wanderweg von Ötzi, den man im nahen Similaungletscher fand. Im **Archeoparc Schnals** erfährt man Wissenswertes über den Gletschermann und das Leben in der Jungsteinzeit. Mitmach-Programme animieren zum Bogenschießen, Brotbacken, Feuer machen etc. Unsere Frau 163, I-39020 Schnals, Tel.: 0039-0473-676020, Internet: www.archeoparc.it . Im Schautunnel der Bergstation der Schnalstaler Gletscherbahnen (auf 3.212 Meter) gibt es die **»Ötzi-Show-Gallery«** mit Schautafeln, Bildmaterial und Ötzi in Lebensgröße. Infos unter Tel.: 0039-0473-662118.

Literatur:

Einen Reiseführer für die komplette Strecke gibt es nicht. Gut ausgerüstet ist man mit den Bänden »Südtirol« (Reise-Taschenbuch) aus dem DuMont Verlag für 12 Euro und »Nordtirol« aus dem Reise Know-How-Verlag für 19,90 Euro.

■ Mehr Schwergewicht auf Bild und Kurzinformation legt der HB Bildatlas »Südtirol«, 8,50 Euro. Mit dem Titel »Südtirol« gibt es für 7,50 Euro auch ein Themenheft des ADAC Reisemagazin.

Karte:

Die gesamte Route ab Landeck findet sich auf der Generalkarte Extra Österreich, Blatt 3, »Vorarlberg, Tirol, Südtirol, Oberbayern«. Maßstab: 1:200.000, 7,50 Euro. Mairs Geographischer Verlag.

■ Empfehlenswert ist auch die Generalkarte Pocket »Südtirol, Dolomiten, Trentino« im Maßstab 1:200.000 für 4,95 Euro, bei der allerdings ein kleiner Teil der Route in Österreich fehlt.

Ortlerblick gleich nach dem Aufstehen – im Hotel Tannenheim in Trafoi

Übernachten:

Direkt an der Stilfserjochstraße empfiehlt sich das Hotel Tannenheim, I-39020 Trafoi Nr. 5. Tel.: 0039-0473-611704, Fax: -611803, Internet: www.hotel-tannenheim.com, E-Mail: tannenheim@dnet.it. Für die Übernachtung im Doppelzimmer zahlt man inkl. Frühstück 28 Euro pro Nase. Der Wirt, mit bezeichnendem Namen Hugo Ortler, versorgt seine Gäste mit Tourensets im Tankrucksackformat und bietet geführte Touren an (Infos unter www.motorradsuedtirol.com) . Deutsch wird gesprochen.

■ In der hübscher Altstadtlage nächtigt man im Albergo Dante, Via Trieste 2, I-23032 Bormio, Tel. und Fax: 0039-0342-901329, E-Mail: meubledante@bormio.it. Chef und Juniorchef fahren Motorrad und geben gerne Tourentipps. Die Übernachtung im Doppelzimmer kostet mit Frühstück ab 28 Euro/Person.

■ Familiäre Atmosphäre herrscht im Hotel Silence, Scanna 20 (Ortsteil Scanna), I-38020 Livo-Scanna, Tel.: 0039-0463-533153, Fax: -533084, Internet: www.hotelsilence.it, E-Mail: info@hotelsi lence.it. Für die Übernachtung im Doppelzimmer zahlt man inkl. Frühstück 28,50 Euro, mit Halbpension ab 36 Euro pro Person. Deutsch wird gesprochen.

■ Der Buschenschank-Schlosswirt Juval verfügt über zwei gemütliche Ferienwohnungen für 2 bis 6 Personen, zwei Personen zahlen pro Nacht jeweils 30 Euro, jede weitere Person 15 Euro. Ab sieben Nächten 15 % Nachlass. Im Wirtshaus leckere Gerichte aus biologischer Landwirtschaft zu moderaten Preisen. I-39020 Staben bei Naturns, Tel./Fax: 0039-0473-668238. Achtung: Die einspurige Zufahrtsstraße ist zwischen 9:30 und 17:30 für den öffentlichen Shuttle-Bus reserviert. Deutsch wird gesprochen.

■ Topchic und dennoch urgemütlich nächtigt man im Alpenhotel Nauderer Hof in A-6543 Nauders am Reschenpass. Tel.: 0043-5473-87704, Fax: -87777, Internet: www.naudererhof.at. Für die Übernachtung im Doppelzimmer zahlt man inkl. Frühstück 45 Euro pro Person. Der Wirt, selbst leidenschaftlicher Motofahrer, bietet seinen Gästen schriftliche Tourentipps und - auf Anfrage – auch geführte Motorrad-Touren an (Internet-Infos unter www.alpen-rider.com).

Informationen:

Info-Material zu Südtirol bekommt man (auf schriftliche oder telefonische Anfrage) bei: Südtirol-Marketing, Tel.: 0039-0471-999999, Fax: -999900, E-Mail: suedtirol@hallo.com, Internet: www.hallo.com .

■ Über das Tentino informiert: Trentino S.p.A., Via Romagnosi 11, Trento, Tel.: 0039-0461-839000, Fax: -260245, Internet: www.trentino.to, E-Mail: info@trentino.to

■ Die Lombardei vertritt: Tourismusverband der Region Lombardei, Via Fabio Filzi 22, Mailand, Tel.0039-02-67651, Internet: www.regione.lombardia.it (mit deutschsprachigen Infos zum Runterladen), E-Mail: postaweb@regione.lombardia.it .

■ Graubünden-Infos gibt's bei Graubünden-Ferien in Chur, Tel.: 0041-81-2542424, Fax: -2542400, Internet: www.graubuenden.ch. Allgemeine Infos über Tirol erhält man bei der Tirol-Werbung in Innsbruck (Maria-Theresien-Str. 55), Tel.: 0043-512-53200, Fax: 5320150, Internet: www.tiscover.com/tirol .

Des Vinschgaus schönste Ecken: Das Hangsträßchen zwischen Schlanders und Schluderns

Internet-Adressen:

■ Natur- und Nationalparks, Wandertipps, Unterkünfte, Gastronomie u.v.m unter **www.provinz.bz.it** .
■ Wetter, Webcams, Unterkünfte, Freizeit, Kultur, Veranstaltungen unter **www.suedtirol.com** .
■ Kultur, Geschichte, Gourmet-Tipps, Aktivitäten unter **www.bestof-suedtirol.com**
■ Infos über den Stilfser-Joch-Nationalpark unter **www.stelviopark.it**, **www.naturatrafoi.com** und **www.suedtirol-it.com/stilfserjoch**
■ Infos über die römische Via Claudia Augusta unter **www.viaclaudia.de**, **www.viaclaudia.at**, **www.claudiaaugusta.com** und **www.claudia-augusta.net**
■ Live-Cam der Schnalstaler Gletscherbahn, Infos über die »Ötzi-Erlebniswochen«, »Ötzis World Card« und »Essen wie zu Ötzis Zeiten« sowie viele nützliche Schnalstal-Infos unter **www.oetzisworld.it**
■ Südtirolische Buschenschänke, Kochrezepte und Weininfos unter **www.buschenschaenke.it**
■ Urlaub auf dem Bauernhof und Veranstaltungstipps für Südtirol unter **www.rotherhahn.it**
■ Jede Menge Webcams (von der Meraner Kurpromenade über Passeiertal bis zur Texelgruppe) unter **www.st24.tv**

Tipp:

Wer Zeit hat, fährt zwischen Schlanders und Schluderns nicht auf der Hauptstraße durch den Vinschgau, sondern wählt das nördlich davon oben am Hang verlaufende winzige Sträßchen mit tollen Ausblicken.

■ Die beschriebene Tour ist lediglich von Juli bis Oktober zu machen, davor und danach ist der Gavia-Pass geschlossen. Die Stilfser-Joch-Hochalpenstraße ist von Mitte Juni bis November befahrbar, der Umbrailpass von Anfang Juni bis Anfang November und das Timmelsjoch von Mitte Juni bis Mitte Oktober.

ZEIT DER STILLE

Die Geislerspitzen sind markantes Ende des Villnöss-Tales

DOLOMITEN

Sie sind ein Tourenrevier von Weltklasse und entsprechend groß ist der Andrang. Doch wer zuletzt kommt, darf sich freuen: Zum Ende der Motorrad-Saison kehrt auf den Pass-Straßen rund um die Dolomitengipfel paradiesische Ruhe ein.

Des Tages Würze: Am Abend am Würzjoch noch den Peitlerkofelblick meditieren

Im Süden klettern die letzten Sonnenstrahlen über die Eispanzer der Marmolada, im Norden schälen sich die zackigen Konturen des Langkofel aus der Abenddämmerung, noch wenige hundert Meter bis zum Grödner Joch, nein: Sellajoch. Oder Pordoijoch? Oder Passo di Campolongo? Egal. Die Ausblicke sind zum Einrahmen schön, die Kurven genial und außer der BMW und mir ist jetzt kaum jemand auf dem Passstraßen-Quartett rund um die Sella-Gruppe unterwegs. Auf 2.240 Metern taucht eine Wandergruppe auf; ein Porschefahrer guckt sich rot leuchtende Felswände durch die Windschutzscheibe an; ein Souvenirhändler räumt zum Ende des Tages seine Auslagen vom Straßenrand: Regencapes, Schneeketten, Eispickel. Dinge, die man bei herbstlichen Schlechtwetter-Einbrüchen ganz gut brauchen kann.

Doch die Wetterfee von *Südti-*

rol Online scheint zu halten, was sie verspricht: goldene Herbsttage und milde Temperaturen bis in die Abendstunden. Ein Schild mit der Aufschrift »Joëf de Sella« fliegt im Augenwinkel vorbei, dann geht es zwischen steil aufragenden Felswänden und Geröllfeldern hinab zum Plan de Gralba, wo ein dreisprachiger Wegweiser »Joëf de Frea / passo di Gardena / Grödner Joch« auf den nächsten Kurvenspaß verweist. Vergangenen Sommer stieß ich hier auf eine sich rund um das Sellamassiv windende Motorradschlange, sodass ich schleunigst das Weite suchte. Jetzt im Herbst ist die Sella Ronda frei, und ich kann trotz aufkommender Müdigkeit nicht aufhören, zu fahren und zu schauen, bis die letzte glutrote Wolke von den Dolomitengipfeln in den Abendhimmel steigt.

Der Blick fällt hinunter ins Grödner Tal, wo sich die Lichter der Häuser wie Perlenschnüre aneinander reihen. Dann rausche ich in einem nicht enden wollenden Kurvenslalom hinab nach Wolkenstein. Vor jedem Besuch stelle ich mir beim Klang dieses Namens ein verwegenes Felsennest aus der Herr-der-Ringe-Trilogie vor. Und bin jedes Mal enttäuscht, dass hinter dem Ortsschild das topmoderne Ferienkonglomerat Gröden liegt: 94 Restaurants und Pizzerien, 32 Bars und Cafés, 81 Berglifte, 16.500 Gästebetten für rund zwei Millionen Übernachtungen pro Jahr.

Doch heute scheinen die knapp 9.800 Einwohner des Grödner Tals unter sich zu sein. Auf der Strada Mëisules begegnet mir ein kreischender Vespa-Roller, ansonsten ist es so still wie

Tradition und Moderne: Oskar Mussner aus Wolkenstein hält es mit Schnitzen und Alphornblasen, Sohn Daniel mit seiner Kawa 1500 VN

Schauen statt Schrubben: Der Blick auf den Sellastock ist es wert, hin und wieder den Motor abzustellen

vor dem Einmarsch des römischen Feldherrn Drusus, der im Jahr 15 vor Christus die Dolomitentäler erobert hat. Im Hotel La Tambra bin ich der einzige Übernachtungsgast, der Besitzer – Oskar Mussner – widmet sich der Grödner Holzschnitzkunst in der familieneigenen Bildhauerwerkstatt. Als ich eintrete, legt er Motorsäge, Schnitzmesser und Schlegel beiseite, begrüßt mich mit einem herzlichen »bona sëira«, schickt jedoch für alle Fälle noch ein »buona sera« und ein »Guten Abend« hinterher. Sprachenvielfalt in Gröden. Neben Italienisch und Deutsch sprechen rund 90 Prozent der Einwohner Ladinisch, eine eigenständige rätoromanische Sprache, die sich seit den Zeiten von Drusus und Co in manchen Dolomitentälern erhalten hat.

Passhöhe heißt »Joëf«, Kurven: »Raidës«, Kehre: »Raida

strënta«. Einen ladinischen Ausdruck für Zündkerze? Herr Mussner muss passen (»das gab's vor 2.000 Jahren noch nicht«) und weicht aufs Italienische (»candela d'accensione«) aus. Ringsum türmen sich Meisterwerke der Grödner Holzschnitzkunst: Hunde, Katzen, Eulen, Hähne, Rehe. Auf einem Podest steht das Abbild des südtiroler Freiheitshelden Andreas Hofer, flankiert von der Jungfrau Maria, Jesus und Papst Johannes Paul II. Religion spiele in den ladinischen Tälern eine große Rolle, erläutert Herr Mussner und guckt dann erschreckt auf die Uhr. Morgen früh um fünf ist Wallfahrt angesagt – von Wolkenstein übers Grödner Joch nach Pedratsches im Gadertal.

Es ist noch finster, als mich die Kirchturmglocken tags drauf aus den Federn meines Nachtquartiers läuten. Wenig später zieht eine 200-köpfige Lithurgien mur-

Vorherige Doppelseite: Neugieriger Haflinger bei Seis am Schlern und das Zauberwort »Tornante – Kehre« am Falzàrego-Pass (links).
Die Gassen von Cavalese vereinen in ihrer Architektur italienische und östereichische Elemente (oben rechts).
Nur echt mit der Feder: der Hut der Alpini (unten rechts)

Darf getrost zu den schönsten Bergen der Erde gerechnet werden: das Langkofelmassiv

Traumberg und Schicksalsberg: Der Lagazuoi war im Ersten Weltkrieg verlustreich umkämpft

stürzt sich bei St. Andrä in einem grandiosen Serpentinenfinale hinunter ins Eisacktal. Ein Cappuccino am Domplatz von Brixen muss sein, dann flitze ich über St. Andrä noch einmal hoch zur Würzjochstraße und taste mich von dort über ein kaum autobreites Verbindungssträßchen hinunter ins Villnößtal. Die Geißlerspitzen mit dem 3.025 Meter hohen Sass Rigais tauchen auf, zackig wie das Blatt von Oskar Mussners Motorsäge. Rheinhold Mes-

sner, der hier geboren wurde, kletterte bereits als Fünfjähriger auf den höchsten Geislerzacken und bewunderte die Dolomitengipfel ringsum. Heute prangt sein Abbild im Lebensmittelladen Troi, wo man mit dem berühmtesten Sohn des Tales für Moser-Speck wirbt (»so unverwechselbar wie meine Berge«).

Da man mit südtiroler Speck offensichtlich sämtliche Achttausender der Erde bezwingen kann, lade ich jede Menge davon in

Das österreichische Sperrfort Tre Sassi am Valparola-Pass ist heute Kriegsmuseum

meinen Tankrucksack und schlage mich bei Gufidaun erneut in die Berge. Kurve hoch über dem Eisacktal nach Gröden, schwenke bei St. Ulrich auf die Route Kastelruth und Seis, betrachte den Schlern bei Völs, den Rosengarten bei Tiers, die Latemar-Gruppe bei Welschnofen – und kann Rheinhold Messner verstehen. Beim Blick auf diese korallenartig aus der Erde wachsenden Kalkklötze möchte man nur noch Bergsteiger sein. Konzentriert man sich jedoch auf die dazwischen liegenden Passstraßen, möchte man nur noch Motorradfahrer sein.

Vom Nigerpass düse ich über Karerpass und Passo di San Pellegrino nach Falcade, lasse Passo di Valles und Passo di Rolle schweren Herzens rechts liegen, stürze mich hinunter nach Cencenighe, gucke mir die nahe gelegenen Pässe Cerada und Duran auf der Karte an, entscheide mich im letzten Moment für die Route über Alleghe, auf der schon nach wenigen kurvenreichen Kilometern eine weitere Entscheidung zu fällen ist: Passo di Falzàrego, Passo di Giau, Passo di Pordoi oder Passo di Fedáia?

Völlig überfordert von der schier unerschöpflichen Auswahl

Herbstmelancholie: Verblühte Bergdisteln und stilles Sträßchen bei Cortina d'Ampezzo

an traumhaften Motorradstrecken dirigiere ich die BMW über Rocca Piétore nach Malga Ciapela, folge dem Schild »Gelato« und gucke mir das Angebot des Eiscafés Pineta durchs Schaufenster an: Limone, Fragola, Tiramisù, Cioccolata... Doch die Gelato-Kübel sind leer, die Türen verschlossen, Tische und Stühle in einer Ecke übereinander gestellt. Eis gibt es um diese Jahreszeit erst wieder auf dem 2.057 Meter hohen Fedáia-Pass mit Blick auf die vergletscherte Gipfelregion der Marmolada zu sehen. Und zwar gleich so viel, dass man im Ersten Weltkrieg eine komplette Stadt in die auf über 3.000 Metern gelegenen Eisschichten getrieben hat, bestehend aus Waffendepots, Stellungen, Vorratsräumen und kilometerlangen Verbindungstunneln.

Fröstelnd mache ich mich an den windungsreichen Abstieg nach Canazei, stoße dort auf die Große Dolomitenstraße, die die BMW und mich über Pordoi- und Falzàrego-Pass nach Cortina d'Ampezzo trägt. Noch einen Schlenker um Monte Cristallo mit Drei-Zinnen-Blick am Misurina-See, dann taste ich mich erschöpft und hungrig zum Hotel Miramonti vor. Brigitte Bardot

Gewaltiger Berg: Die Marmolada mit ihren Gletschern

und Clark Gable sollen hier abgestiegen sein, Ingrid Bergman und der spanische Ex-König Alfonso VIII. Heute ist in Cortinas berühmtester Nobel-Herberge nicht mal ein livrierter Portier zu sehen. Lediglich der aus Lichtergirlanden bestehende Weihnachtsschmuck weist auf die Wiederkehr der High Society in der kommenden Skisaison hin.

Was soll's. Wieder 400 Euro für die Übernachtung gespart, die man in Cortina auch anderweitig anlegen kann. Zum Beispiel in einen Cashmere-Pulli bei Cristia-

no Fissore, ein Seidenkostüm bei Paolo Tonali oder ein Mäntelchen mit Nerz-Besatz bei Ghedina Zuccaro. Auf der Suche nach einem Restaurant dirigiere ich die BMW an den von sündhaft teuer auf unerschwinglich teuer reduzierten Herbstauslagen der Edelboutiquen am Corso d'Italia vorbei; werfe einen Blick auf die Gelateria Rubens, wo es zwar Geranienschmuck und Sommerbestuhlung unter dem großem Sonnenschirm, aber keine Gäste gibt; streife das Ristorante Birreria Hacker Pschorr, das vis-à-vis von

Stiefellüften am Hotelbalkon in Cortina d´Ampezzo – bevor am nächsten Tag wieder die Sträßchen der Umgebung abgekurvt werden

Stiefeltrocknen und Behaglichkeit: Im Rifugio San Sebastiano am Passo Duran kommt mit selbstgebranntem Grappa und trockenen Füßen am offenen Kamin die Welt wieder in Ordnung

Aufwärmen in Kaltern: Am Stadtplatz macht die Herbstsonne nochmal richtig Sommer

Bulgari mit »Würstel con crauti«-Gerichten auf das Eintreffen der Münchner Schickeria hofft. So richtig Stimmung herrscht eigentlich nur in der Pizzeria 5 Torri in der Via Largo Poste. Anfang Oktober trägt man hier Goretex und Fleece statt Cashmere und Nerz, schart sich um die urigen Heizöfchen auf der Terrasse und verzehrt Pizza für fünf Euro.

Tags drauf brettere ich über die Pässe Giau und Staulanza nach Forno di Zoldo, wo mit dem Passo Cibiana die wohl schönste Bergstraße des Cadore beginnt. Laut Reiseführer ist die Gegend so einsam, dass man mitunter sogar in der Hochsaison auf kein einiges Fahrzeug trifft. Heute kommt mir bereits nach wenigen hundert Metern eine Meute Ducati entgegen, die Post heizt im weißgelben Allrad-Panda zügig hinterher. Auf der Passhöhe treffe ich Walter, der Besucher des Messner Mountain Museums mit seinem Land Rover Defender über die alte, für Privatfahrzeuge gesperrte Militärpiste zum 2.181 Meter hohen Gipfel des Monte Rite transportiert.

Bei gutem Wetter, schwärmt Walter, könne man von dort oben nahezu sämtliche Dolomitengipfel sehen. Für Tage wie heute, fährt er mit einem Blick zum Himmel fort, gebe es eine entsprechende Gemäldegalerie: »Sella monumentale«, »Seiser Alm – menschenleer«, »Langkofel mit Dolomitenstraße«, »Marmolada – Modern Times« ... Die anrückende Regenfront allmählich realisierend, verabschiede ich mich von Walter, fahre wie vom Teufel gejagt den Cibiana-Pass hinab, schwenke bei Dont di Zoldo auf den Passo Duran und trete die letzte Etappe bis zum geplanten Tourende in Sterzing an: Passo di Cereda, Passo di Brocon, Passo di Manghen, Passo di Lavazè, Bozen, Ritten, Penserjoch.

Dass es bereits auf halber Strecke zum 1.600 Meter hohen Duran-Pass zu nieseln beginnt – kein Problem. Bedenklich wird es erst, als der sich anschließende Regenschutt jenseits der Baumgrenze in Schneegraupel übergeht. Fröstelnd und triefend vor Nässe taste ich mich über die letzten, glitschigen Kurven zur Passhöhe vor. Schneegestöber, Sturmböen, eisige Dolomitengipfel ringsum. Dazwischen der rauchende Kamin und die hell erleuchteten Fenster des Rifugio San Sebastiano, das um diese Jahreszeit gottlob noch geöffnet hat.

Als ich eintrete, drückt mir Wirt Beniamino unaufgefordert einen Zimmerschlüssel in die eine, einen selbstgebrannten Grappa aus seiner 25 Sorten umfassenden Hauskollektion in die andere Hand. Die rund um den knisternden Kamin versammelten Bergsteiger und Motorradfahrer rücken zusammen, Gitarrengeklimper mischt sich unter die Brutzelgeräusche aus der Küche – die Stimmung ist so gut, dass ich gleich zwei Nächte bleiben will. »Drei Nächte«, korrigiert Beniamino. So lange habe es im letzten Jahr gedauert, bis der Schneepflug kam.

Kaum autobreit und ohne Leitplanken entpuppt sich der Passo Manghen als Kleinod der Alpenstraßen

INFO DOLOMITEN

Kurven auf hohem Niveau: In den Dolomiten warten perfekt ausgebaute Pass-Straßen, die locker die 2.000-Meter-Marke durchbrechen. So viele Klasse-Pässe auf dichtestem Raum ist Weltrekord. Hinter jedem Felsriegel wieder die Entscheidung, welche der vielen abzweigenden Routen man nehmen soll. Ein Labyrinth für den kurvigen Glückstaumel, das man tagelang abfahren kann, ohne müde zu werden – wo es doch so viel Interessantes für einen Zwischenstopp gäbe

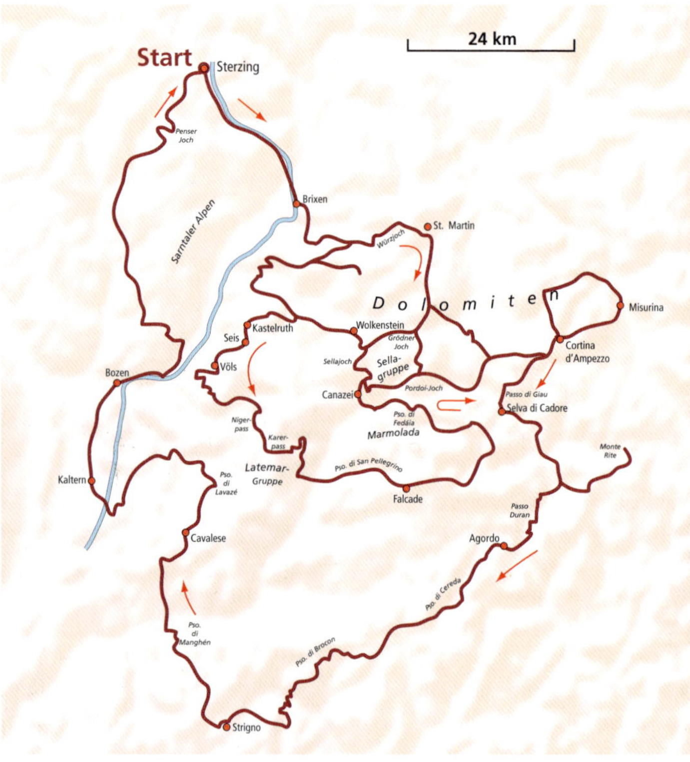

Route:

Sterzing – Eisacktal bis Waidbruck/Grödner Tal – Wolkenstein – Grödner Joch – Abtei – St. Martin – Würzjoch – Abstecher Brixen über Afers/St. Andrä – Villnöß – Gufidaun – Laien (die kleine Hangstraße) – St. Ulrich – Kastelruth – Seis – Völs – Tiers/Nigerpass – Karerpass – Pozza – Moena – Passo di San Pellegrino – Falcalde – Cencenighe – Alleghe – Rocca Piétore – Fedáia-Pass – Canazei – Arabba – Falzàrego – Abstecher Sperrfort Tre Sassi/Valparola-Pass – Cortina d'Ampezzo – Misurina-See – Umfahrung Cristallo-Massiv – Cortina – Passo di Giau – Selva di Cadore – Zoldo Alto – Abstecher Forno/Passo Cibiana/Monte Rite – Passo Duran – Agordo – Tonadico – Imèr – Canàl San Bovo – Passo di Brocon – Castello Tesino – Strigno – Passo di Manghen – Cavalese – Passo di Lavazè – Deutschnofen – Montan – Tramin – Kaltern – Eppan – Bozen – Klobenstein/Ritten – Sarnthein – Penser Joch – Sterzing → **ca. 750 km**

Brixens imposanten Dom bestaunen – und dann im Straßencafé einen Cappuccino

Varianten:

Zwischen Pordoijoch und Falzàrego lässt sich alternativ auch der Schlenker nach Norden über Corvara und den Valparola-Pass einbauen (zusätzlich 20 km).

■ In Agordo lässt sich eine sehr schöne Runde hinzufügen (zusätzlich knapp 50 km) über den Canale di Agordo nach Süden und von Sospirolo vorbei am Lago di Mis auf winzigem Sträßchen durch den Canale del Mis und die Forcella Franche zurück nach Agordo (oder über Gosaldo auf die Hauptroute abkürzen).

■ Ab Tonadico kann man die beschriebene Route über den Passo di Rolle und Predazzo nach Cavalese abkürzen und sieht auf der Passhöhe mit den Pale di San Martino einige der bizarrsten Dolomitengipfel.

■ Verbindung zu Tour 4 (Trentino) besteht von Strigno über das Val Sugana und Trento (40 km), Tour 5 (Trentino/Veneto) erreicht man von Cànal San Bovo über Feltre (25 km) oder landschaftlich ebenfalls sehr schön über Val Sugana/Pérgine und das Westufer des Lago di Caldonazzo zum Passo del Sommo (45 km). Verbindung zu Tour 6 (Friaul) besteht von Forno di Zoldo/Monte Rite nach Pieve di Cadore (20 km) oder von Cortina/Passo Tre Croci nach Auronzo di Cadore (30 km).

Blick auf Äpfel im Etschtal und auf Cortina d'Ampezzo einige Pass-Straßen weiter östlich

Pässe der Region:

Würzjoch (2.006 m)
Grödner Joch (2.121 m)
Sellajoch (2.214 m)
Pordoijoch ((2.239 m)
Passo di Campolongo (1.875 m)
Nigerpass (1.630 m)
Karerpass (1.753 m)
Passo di San Pellegrino (918 m)
Passo di Valles (2.033 m)
Passo di Fedàia (2.057 m)
Passo di Falzàrego (2.105 m)
Passo di Valparola (2.197 m)
Passo Tre Croci (1.809 m)

Passo di Giau (2.233 m)
Forcella Staulanza (1.671 m)
Passo Duran (1.601 m)
Passo di Rolle (1.972 m)
Passo di Brocon (1.615 m)
Passo di Manghen (2.047 m)
Passo di Lavazè (1.805 m)
Penser Joch (2.211 m)

Sehenswert:

Bozen ist mit dem mittelalterlichen Flair seiner Altstadt , den Arkadengängen unter prächtigen Bürgerhäusern und vielen Museen einen Stopp wert. Im Naturmuseum im ehemaligen Amtshaus von Kaiser Maximilian I. darf man anfassen, experimentieren. Besonders beeindruckend: ein Korallenaquarium, das auf die Entstehung der Dolomiten verweist. Bindergasse 1, Tel.: 0039-0471-412964, Internet: www.naturmuseum.it .

In Kalterns malerischen Winkeln lässt sich gut rasten und Südtirols kulinarischen Verlockungen erliegen

■ Den tiefgekühlten Steinzeitmann **Ötzi** und allerlei Objekte aus seiner Zeit kann man im **Südtiroler Archäologiemuseum** besichtigen. Museumstraße 43, Tel.: 0039-0471-982098, Internet: www.iceman.it.

■ Der alte Bischofssitz **Brixen** wartet mit engen Gassen, trutziger Hofburg und zahlreichen bedeutenden Sakralbauten auf. Ein Einkaufsbummel in den Großen Lauben, der mittelalterlichen Geschäftsstraße mit den bezeichnenden Arkadengängen, muss sein – und noch ein Cappuccino auf dem Domplatz.

■ Wer sich für die ladinische Sprache und Kultur interessiert, sollte dem **Ladinischen Museum** in **St. Martin in Thurn** (Schloss Thurn) einen Besuch abstatten. Infos unter Tel.: 0039-0474-524020, Internet: www.museumladin.it

■ Im Freilichtmuseum auf dem **Lagazuoi** kann man die in den Fels gehauenen ehemaligen Stellungen des Ersten Weltkriegs besuchen. Erreichbar zu Fuß in ca. 2 Stunden oder mit der Seilbahn vom Passo Falzarego aus.

Bekanntes Dolomiten-Motiv: die Kapelle am Falzàrego-Pass

Kriegsgeschichte hintergründig und ohne Pathos oder Parteinahme: Das Museum in der Festung Tre Sassi am Valparola-Pass

■ Sehenswert ist auch das Museo della Grande Guerra im ehemaligen **Sperrfort Tre Sassi** auf dem **Valparola-Pass**. Infos unter Tel.: 0039-0436-867301, Internet: www.dolomiti.org/lagazuoi und www.grandeguerra.dolomiti.org.

■ **Cortina d'Ampezzo** hat nicht erst mit der Austragung der Olympischen Winterspiele 1956 seine Rolle als mondäner Skiort unterstrichen. Als Kurort hatte es schon weit früher Bedeutung. Für Tourer ist es idealer Drehpunkt für die östlichen Dolomitenpässe (nicht weit entfernt liegen auch die Tre Cime di Lavaredo, die berühmten Drei Zinnen – zu errreichen über eine mautpflichtige Straße).

■ Eine Kunstgalerie der besonderen Art ist **Dolomites**, Rheinhold Messners »Museum in den Wolken« auf dem Gipfelplateau des 2.181 Meter hohen Monte Rite. Das Museum im Bollwerk eines Forts aus dem 1. Weltkrieg ist vom Passo di Cibiana mit dem Shuttle-Service (Hin- und Rückfahrt: 8 Euro pro Person) zu erreichen ist. Geöffnet vom 30. Juni bis zum ersten Schnee im Oktober täglich von 10 bis 17 Uhr. Infos: www.museonellenuvole.it und beim Ufficio Turistico di Valle-Venas-Cibiana unter Tel.: 0039-0435-50741, E-Mail: ufftturvalle@libero.it.

■ **Tramin** und **Kaltern** sind Zentren südtirolischer Weinkultur und nicht nur wegen »Gewürztraminer« und »Kalterer See« lohnende Stopps. Beide Orte haben sehr schöne Kerne mit geschlossenen Ensembles historischer Architektur, sind aber im Sommer überlaufen.

Literatur:

■ Gut ausgerüstet ist man mit dem 256 Seiten starken Band »Dolomiten« aus dem Michael Müller Verlag für 15,90 Euro. Infos zum südtirolischen Teil der Dolomiten finden sich im DuMont Reise-Taschenbuch »Südtirol«, Preis: 12 Euro.

■ Hintergründiges über den Dolomitenkrieg auf 208 Seiten und in über 400 Bildern: Michael Wachtler, Günther Obwegs: »Dolomiten – Krieg in den Bergen«, Athesia Spectrum Verlag, 19,90 Euro.

■ Anton von Lutterotti: »Südtiroler Landeskunde«, Athesia Verlag, 26,90 Euro. Alte und neue Geschichte, umfassende Infos über Täler, Berge, Städte, Dörfer Südtirols. 527 Seiten, 80 Bilder.

Karte:

Die Generalkarte Pocket »Südtirol, Dolomiten, Trentino«, Maßstab 1:200.000, 4,95 Euro.

■ Wer die Gegend zu Fuß erkunden will. greift beispielsweise zur Kompass-Karte »Italienisch-österreichische dolomitische Frontkarte 1915–1917«, Maßstab 1:50.000, 8,50 Euro

Übernachten:

■ Idealer Ausgangspunkt für die Sella Ronda: Garni La Tambra, Str. Mëisules 309, Wolkenstein. Tel.: 0039-0471-795041, Fax: -794575, E-Mail: info@la-tambra.com, Internet: www.la-tambra.com. Für die Übernachtung im Doppelzimmer zahlt man inkl. Frühstück ab 35 Euro pro Person. Juniorchef Daniel Mussner fährt Motorrad, Deutsch wird gesprochen.

■ In schöner Altstadt-Lage nächtigt man im Hotel Montana, Corso Italia 94, Cortina d'Ampezzo, Tel.: 0039-0436-862126 oder -860498, Fax: -868211, E-Mail: montana@cortina-hotel.com, Internet: www.cortina-hotel.com. Für das Doppelzimmer mit Frühstück zahlt man pro Person 34 Euro.

■ Urgemütlich ist es im Rifugio S. Sebastiano auf dem Passo Duran (Dont di Zoldo). Sehr gute Küche mit italienischen und regionalen Spezialitäten, Wirt Beniaminos selbst gebrannter Grappa am knisternden Kaminfeuer ist unschlagbar. Deutsch wird gesprochen. Für die Übernachtung mit Frühstück im Doppelzimmer zahlt man 25 Euro pro Nase, im Mehrbett-Zimmer 19 Euro. Tel./Fax: 0039-0437-62360, E-Mail: s.sebastiano@dolomiti.com, Internet: www.dolomiti.com/ sansebastiano

Die Kirche von St. Ulrich im Grödner Tal

■ Verkehrsgünstig im Eisacktal liegt In idyllischer Lage mit Dolomitenblick die Pension Christl, St. Anton 23, Kaltern. Für die Übernachtung im Doppelzimmer zahlt man mit Frühstücksbuffet 36 Euro pro Person. Tel.: 0039-0471-963173, Fax: -964421, Internet: www.pension-christl.it, E-Mail: info@pension-christl.it. Deutsch wird gesprochen.

■ Über Bozen/Eggental erreicht man das Hotel Mondschein: Stenk 4, Eggen-Deutschnofen, Tel.: 0039-0471-610123, Fax: -610294, Internet: www.hotel-mondschein.it, E-Mail: info@hotel-mondschein.it . Für die Übernachtung im Doppelzimmer zahlt man pro Person zwischen 23 und 37 Euro. Deutsch wird gesprochen.

Informationen:

Über den in Südtirol verlaufenden Teil der Tour informiert: Südtirol-Marketing. Anfragen nur schriftlich oder telefonisch unter Tel.: 0039-0471-999999, Fax: -999800, E-Mail: info@suedtirol.info, Internet: www.suedtirol.info .

- Urige ländliche Unterkünfte findet man bei Agriturist Alto Adige, Via Maccello 4/D, C.P.421, Bozen, Tel.: 0039-0471-999333, Fax: -961171, Internet: www.agriturist.com .
- Das Trentino vertritt: Trentino S.p.A., Via Romagnosi 11, Trento, Tel.: 0039-0461-839000, Fax: -260245, Internet: www.trentino.to, E-Mail: info@trentino.to

Internet-Adressen:

- Berghütten, Campingplätze, Veranstaltungen, Wetterinfos, regionale Produkte unter **www.dolomiti.it**
- Aktuelle Infos der größten Tageszeitung Südtirols unter **www.dolomiten.it**

Burg Prösels, hoch über dem Eisacktal

- Webcams, Wettersituation, Unterkünfte, Veranstaltungstipps (Motorradtreffen) für Gröden unter www.valgardena.it
- Offizielle Seite des südtiroler Burgeninstituts mit umfangreichen Infos zu den meisten Burgen der Region und vielen weiterführenden Links: www.burgeninstitut.com
- Motorradhotel, -events und Tourentipps unter www.dolomiten-bike.com
- Infos über den Dolomitenkrieg und Sehenswürdigkeiten zum Thema unter www.grandeguerra.dolomiti.org
- Panoramabilder, Webcams, Literatur unter www.dolomiten.net
- Allgemeine Südtirol-Infos sowie Katalogbestellung unter www.hallo.com oder www.suedtirol.info
- Literaturtipps, Nachrichten, Kunst, Kultur, Wetter, Webcams unter www.stol.it
- Geschichte, Kultur, Natur, Webcams rund um Cortina d'Ampezzo unter www.dolomiti.org

Tipp:

In den Hochsommer-Monaten sind die Dolomitenstraßen mitunter heillos überfüllt, angenehm touren lässt es sich im Frühjahr und Herbst. Achtung: Viele Hotels in den Dolomiten schließen Mitte bis Ende September und öffnen erst wieder zur Skisaison. Wer zur Nebensaison kommt, sollte sich rechtzeitig informieren, gegebenenfalls vorbuchen oder seinen Stützpunkt ins Eisack- oder Etschtal verlegen.

- Ein besonderer Übernachtungstipp – allerdings ohne direkte Zufahrt – ist Dolomites, Reinhold Messners »Museum über den Wolken« am Monte Rite in einem alten Fort aus dem Ersten Weltkrieg (siehe »Sehenswert«). Das angegliederte Rifugio Dolomites auf 2.160 Metern hat Zimmer und Restauration. Infos unter Tel.: 0039-0435-31315, Internet: www.rifugiodolomites.it .
- Schmackhaft südtirolerisch vespern mit Speck, Anis-Bauernbrot, Schüttelbrot, Kaminwurzen, Krapfen oder Strudel lässt sich im historischem Gemäuer des Torgglkeller und Torgglhaus in Kaltern, Maria-von Buol-Platz 5, Tel.: 0039-0471-963421, Internet www.torgglkeller.com .

ENDLICH WIEDER KURVEN

Apfelblüte, Schneeberge und Kurvenglück: Im Frühling sollte kein Weg am Val di Non vorbeiführen

Die erste Tour im Frühjahr – für Kenner ist das Trentino der Inbegriff des Saisonstarts. Sommer schnuppern im blühenden Val di Non, flanieren am Gardasee und frösteln vor schneebedeckten Adamello- und Brenta-Gipfeln

Etwas für Ritter wie du und ich: Castel Sténico mit seiner Waffensammlung

Jedes Frühjahr das gleiche Spiel. Eine italienische Vokabel mit acht Buchstaben treibt die BMW und mich in der Morgendämmerung auf die Straße, auf die Brennerautobahn und nach Süden über die Alpen. Sterzing, Bozen, Abzweig Mendelpass, dann das Schild mit dem Zauberwort am Straßenrand: Tornanti – Kehren. Die ersten in diesem Jahr.

Tropfende Felsnasen huschen im Augenwinkel vorbei, dunkle Kiefern und zartgrüne Buchenwälder, die erst seit kurzem Blätter tragen. Die Sonne scheint, der Himmel ist wolkenlos, die Aussicht reicht übers Etschtal bis zu den frostigen Gipfeln der Dolomiten. Dann ziehen plötzlich Wolken auf, und die Passhöhe auf 1.363 Metern empfängt mich mit eisigen Graupelschauern. Und einer Gelateria, die jetzt, Anfang Mai, noch geschlossen hat.

Fondo, Revò, Livo – bereits im Val di Non kehrt der Frühling zurück. Leuchtend gelbe Löwen-

Kurvenglück: Viele stille Winkel des Trentino sind völlig einsam

zahnwiesen und blühende Apfelbaumkolonien bedecken die von Schluchten durchzogene Hochfläche, die in mehreren Stufen nach Süden hin abfällt. Im warmen Fahrtwind schlängle ich mich durch den wohl kurvigsten Obstgarten Italiens – rund 300.000 Tonnen Äpfel pro Jahr werden hier geerntet –, streife Burgen, Palazzi, Bauerndörfer. Buchfink, Wiedehopf und Wendehals singen, Traktoren brummen durch die umliegenden Plantagen und im Süden erheben sich ein paar schneebedeckte Zacken über dunklem Nadelwald: die Brenta-Dolomiten, Teil des Naturparks Adamello-Brenta.

In engen Schleifen klettert die Fahrbahn zum Stausee Santa Giustina hinab, auf der anderen Seite geht es hinauf nach Clès. Durch die weit geöffneten Tür des Caffè Bertolasi dudelt alpenländische Volksmusik, eine Espressomaschine kreischt, die Lotto-Annahmestelle hinter der Theke wirbt mit dem Jackpott: »Miliardi, Miliardi« – was noch aus Lire-Zeiten stammen muss. Zwei Straßen weiter lockt das Spezialitätenlädchen La Baita mit »Strudel Val di Non« – einem kulinarischen Relikt aus den Zeiten der österreichischen k.u.k-

Schlossherrenglück: Viele Burgen im Val di Non sind völlig privat

Monarchie, das man trotz ruppiger Wortmelodie nicht ins Italienische übersetzt. Für herbere Geschmäcker gibt es salzige Varianten wie »Speck Val di Non«, »Speck di Montagna« sowie deftiges »Schwarzbrot da Speck«.

Den Tankrucksack bis zum Rand mit Leckereien gefüllt, mache ich mich auf den Weg zum Lago di Tovel. Hinter Tuénno und den letzten Apfelbäumchen tut sich eine Felspforte auf und entlässt mich in ein enges, von Geröllfeldern durchzogenes Tal. Bergfichten rücken an den Fahrbahnrand, an den steilen Hängen wuchern Blumen und Farne. Rund zehn Kilometer zwirbelt sich das Sträßchen hinauf zum Tovelsee, in dem sich die schneebedeckten Brenta-Gipfel spiegeln.

Ein Schild weist den Naturpark Adamello-Brenta als eines der letzten Refugien von Europas Braunbären aus. Mein Blick streift über die Landschaft: Albergo Miralogo, Souvenirladen schräg gegenüber, beide noch zu, ein Kanufahrer auf dem See, zwei Wanderer, die über einen Trekkingpfad im Dickicht verschwinden. Keine Bären. Doch wen wundert's. Gerade mal zehn Petze sollen laut offiziellen Zählungen

So schön kann Pause sein: Schauen und staunen am Lago di Molveno (oben); Eis essen und Tretboot fahren in Riva am Gardasee (unten)

durchs 618 Quadratkilometer große Parkterrain streifen. Die zwei importierten, slowenischen Braunbären, denen ich im knapp 25 Kilometer entfernten Park von Spormaggiore einen Besuch abstatte, sind da leichter auszumachen. Mit frisch erwachten Frühlingsgefühlen tollen die beiden in trauter Zweisamkeit durch ihr mit Felsen, Bäumen, Wasserfällen und Höhlen perfekt ausgestattetes 7.000-Quadratmeter-Gehege.

In exzellenten Kurven führt die 421 von Spormaggiore am Castel Belfort vorbei zum Lago die Molveno, der sich wie ein Fjord zwischen den Brenta-Dolomiten erstreckt. Ich suche mir einen Picknickplatz am See, ziehe »Pane Negro da Speck« aus dem Tankrucksack und betrachte die schneebedeckten Gebirgsnadeln und -türme der Brenta, die sich am anderen Ufer über 3.000 Meter in den Himmel recken.

Weiter geht es über winzigste Sträßchen an den Südausläufern des Gebirgsstocks entlang. Das mittelalterliche Castel Sténico taucht auf, belagert von einer Schulklasse, die das von Blumenwiesen umrahmte Gemäuer in schrillen Farben auf Malblöcke bannt – morgen ist Muttertag. Doch keine Spur von Wochenendverkehr. Einsam brabbelt der Einzylinder durch grob behauene Felstunnel, Schluchten und Wasserfälle ziehen vorbei, ein Kuckuck ruft aus den Wäldern. Sogar die Strecke über Zuclo und Fiavè in Richtung Gardasee ist frei. Keine Motorradfahrer. Vermutlich war der Wetterbericht zu abschreckend.

Als ich Arco erreiche, erreicht auch das prognostizierte "Tief über den Alpen" die Burgfelsen und das Castel. Grimmige Wolken verfinstern die Sonne, Zy-

Das imposante Castello in Riva del Garda (oben) und ein Paradeblick auf den Gardasee vom Monte-Baldo-Massiv (unten)

Richtung Monte Varagna hoch über dem Gardasee geht es nur zu Fuß weiter

pressen biegen sich im Wind, und schon bald jagt mich der Regen durch die Stadt. Vorbei an prachtvolle Jugendstilvillen und palmenbestandenen Parkanlagen, an Schönbrunn-gelb gestrichenen Fassaden. Bis zu Beginn des 20. Jahrhunderts war Arco Wintersitz der Habsburger Doppelmonarchie. Auch die Café-Bar im ehemaligen Spielcasino zeugt noch ein wenig vom alten k.u.k.-Glanz Österreichs: Spiegelwände, Piano und bordeauxrot gepolsterte Empirestühle, von denen aus man die Marmorputten im Garten betrachten kann. Aufatmend hänge ich den Helm an den Hutständer, bestelle Cappuccino und eine Flasche »Kaiserwasser« und ahne, dass seit den Besuchen des österreichischen Kaisers Albrecht von Habsburg niemand so viele Blicke auf sich gezogen hat.

Sobald die letzten Regenwolken abgezogen sind, rausche ich nach Trento, folge dort südwestlich einer Serpentinenstraße hoch zum Monte Bondone, die sich bald kaum mehr autobreit um die über 2.000 Meter hohen Gipfel fädelt. Auf dem oberen Teil der Skipisten um Norge und Vason liegt noch Schnee. Doch die Lifte stehen still, die Hotelkomplexe leer – es wirkt, als gönne sich der

Berg zwischen Ski- und Motorradsaison gerade eine Auszeit.

Entsprechend ungestört kann ich den Kurvenslalom nach Garniga Terme auskosten, die Schussfahrt durchs Valle di Cei und den windungsreichen Abstieg von Ronzo-Chienis zur SS 240, die mich hinunter zum Gardasee trägt. Ich will jedoch noch ein wenig Bergluft schnuppern, schwenke nach Nago ab, bugsiere die BMW im Zickzackkurs durchs Gassengewirr, brumme quer über den Kirchplatz, streife ums Haar die Auslagen eines Gemüselädchens, bis ich mich auf der Strada Monte Baldo wieder zügig hoch ins nächste Bergmassiv schraube. Es ist das höchste und mächtigste am Gardasee.

»Die sehr schmale Straße zu den nördlichen Ausläufern des Monte Altissimo ist nur für Mountain-Biker zu empfehlen« – der Reiseführer hat es prophezeit. Vorsichtig zirkle ich um die engen Biegungen und hoffe, besagten Bikern im Downhill-Rausch nicht in die Quere zu kommen. Preschen sie heran, passt die F 650 eben noch vorbei. Erst als die Straße auf 1.400 Meter Höhe zu Ende ist, blicke ich entspannt auf den in der Tiefe ausgebreiteten Gardasee.

Die Altstadt von Riva del Garda mit schönen alten Laubengängen

Fresken und Futtern: Die Piazza del Duomo in Trento hat ein wunderschönes Ambiente, um in einem der Freiluftrestaurants eine herzhafte Portion Spaghetti zu verzehren

Geisterstunde: Nachts ist das Totentanzfresko an der Friedhofskirche San Vigilio in Pinzolo noch beeindruckender und gruseliger

Um das ultimative Panorama zu genießen, bedarf es jedoch noch einer halbstündigen Wanderung zum Gipfel des Monte Varagna. Ich folge einem Abschnitt des Sentiero della Pace, des Friedenspfades, der vom Stilfser Joch bis zur Marmolada 400 Kilometer durchs Gebirge führt. Die ersten Krokusse stoßen durch den Schnee, ein balzender Birkhahn stolziert mit gespreizten Schwanzfedern auf und ab. Als ich mich näher an den seltenen Vogel heranpirschen will, stürze ich fast in einen der Schützengräben, die sich wie klaffende Wunden entlang des Sentiero della Pace über die Alpengipfel ziehen. Ich stehe mitten auf der Frontlinie, die hier im ersten Weltkrieg zwischen Österreich-Ungarn und Italien verlief.

Von Riva del Garda aus betrachtet, wirkt das Monte-Baldo-Massiv so heiter wie auf einem Reiseprospekt. Schäfchenwolken schweben um den Gipfelkamm, Segelboote kreuzen über den See, der wie ein blau-grauer Teppich vor ihm liegt. Keine Spur vom Winter, der mir dort oben begegnet ist. Surfer relaxen in Shorts auf der Strandpromenade, Kinder verschlingen ihre Eiswaffeln, und am Tretbootverleih riecht es nach Sonnenmilch. Auch ich falle ins nächstbeste Straßencafé ein und sinniere bei Cappuccino über die Kontraste Norditaliens.

Am nächsten Morgen erkunde ich den Westteil der Tour. Am Ledro-See vorbei geht es in Richtung Storo und Valle Rendena. Ich will ins Adamello-Gebirge, das sich bis gut 3.500 Meter aufschwingt. In Spiaggio ist von den gewaltigen Gletschern noch nichts zu sehen, wohl aber das, was in den letzten Jahrzehnten aus ihnen zu Tage getreten ist: Kanonen, Minen, Gewehre, Bomben. Jahr für Jahr geben die schmelzenden Eismassen Relikte aus den Kämpfen des Ersten Weltkriegs frei. Der Pensionär Giovanni Pellizani sammelt sie im Museo della Guerra Bianca – dem Museum über den Weißen Krieg. Hundeschlitten sind ausgestellt, Flaschenzüge, Uniformknöpfe, Geldbörsen, ja sogar der Backenzahn eines unbekannten Soldaten und Fleischproviant in einer Dose, der die Jahre im ewigen Eis überdauert hat.

Über Pinzolo gelange ich ins Val di Genova. Mit einer Länge

Sehenswerte Sackgasse: Das Val Genova führt an die Eisriesen des Adamello heran

Die Tragik des »Weißen Krieges«: Im Museo della Guerra Bianca in Spiazzo wird an die mörderischen Gebirgskämpfe des Ersten Weltkrieges erinnert

von 17 Kilometern führt das Tal besonders nah an die Dreitausender des Adamello heran. Und zeigt schon auf halber Strecke, dass dieses Hochgebirge eines der wildesten und unnahbarsten der Ostalpen ist. Wasserfälle sprudeln aus den Felswänden, ein Wildbach tobt am Straßenrand, Geröll türmt sich zwischen Steilhängen und Asphalt. Die Straße weist erst kleine, dann große Schlaglöcher auf, anfängliche Bodenwellen mutieren zu mittleren Wasserfurten, die ich vorsichtig durchquere. Schließlich eine rot-weiße Schranke, umgeben von einem Schilderwald: Steinschlag, Lawinen, Lebensgefahr.

In der Ferne erhebt sich ein weißer, pyramidenförmiger Zacken, vermutlich der Gipfel der 3.558 Meter hohen Presanella. Die mächtigen Eiszungen weiter südlich gehören zu Mandron- und Lobbiagletscher, die bis ins Val di Genova hinablecken und sich hinter dem Rifugio Bedole zu einem dicken Eiswulst vereinen. Zwei Alternativen stehen mir nun offen: warten, bis die Wintersperre im Juni aufgehoben wird, oder dem Biker mit Kuhhörnern am Helm folgen, der seine Kawasaki Ninja

fürchterlich fluchend zurück ins Val Rendena treibt. Ich entscheide mich für die zweite Variante, rausche durch Wasserfurten, an Geröll und Kaskaden vorbei hinter ihm her. Die Hatz geht über Madonna di Campiglio zum Passo Campo Carlo Magno, wo mein Vordermann unvermittelt in die Eisen langt, den Wikingerhelm ins Gras wirft und sein Mobiltelefon aus dem Tankrucksack reißt. Ein italienischer Wortschwall, bestehend aus »mamma, mamma« und »festa della mamma« dringt an mein Ohr und holt mich von meinem Bergrausch auf den Boden der Tatsachen zurück: Es ist Muttertag.

Berge der Königsklasse: Die zackigen Gipfel der Brenta-Gruppe

Gerade weil die hohen Pässe fehlen, ist diese Route schon früh im Jahr befahrbar und bringt Kurvenglück auf dem Weg nach Süden. Zwischen Obstbäumen, Burgen, Seen und schneebedeckten Berggipfeln präsentiert sich das westliche Trentino als abwechslungsreiche Tourenregion mit mildem Klima und den ganz großen Frühlingsgefühlen.

Rechte Seite
Das Fresko der Kirche San Vigilio in Pinzolo zeigt den berühmten Totentanz aus dem 15. Jahrhundert, die davor stehende Kanone erinnert an das Töten im Ersten Weltkrieg

Route:

Bozen – Mendelpass – Livo – Cles – Tuenno – Abstecher Val di Tovel/Lago di Tovel – Denno – Spormaggiore – Lago di Molveno – Sténico – Fiavè – Lago di Tenno/Tenno – Arco – Dro – Vezzano – Trento – Monte Bondone – Cimone/Valle di Cei – Ronzo Chienis – Nago – Abstecher Monte Baldo - Riva del Garda – Molina/Lago di Ledro – Storo – Tione – Pinzolo – Abstecher Val di Genova – Madonna di Campiglio – Dimaro – Maolo – Livo – Mendelpass – Bozen → **ca. 460 km**

Varianten:

Zwischen Dro und Trento kann man die befahrene SS 45 über Cavédine und den Monte Bondone umgehen.

■ Von Trient führt eine empfehlenswerte Kurven-Runde südöstlich auf der SS 349 zum Passo del Sommo und über Folgarìa und Volano nach Rovereto (siehe auch Tour 5).

■ Das östliche Trentino mit seinen Dolomitenpässen ist in Tour 3 beschreiben; Verbindung besteht über Bozen oder von Trient durch das Val Sugana nach Telve/Passo Manghen (knapp 30 km).
■ Das südöstliche Trentino ist in Tour 5 beschrieben, Verbindung besteht vom Gardasee/Nago nach Rovereto (knapp 20 km).
■ Verbindung zu Tour 2 (Ortler-Umrundung) besteht im Val di Non/Lago di Santa Giustina, wo beide Touren parallel laufen; Tour 1 (Oberitalienische Seen) beginnt in Riva del Garda.

Pässe der Region:

Passo Campo Carlo Magno (1.682 m)
Gampenjoch (1.518 m)
Mendelpass (1.363 m)

Fabio Bruni in seinem Delikatessen-Lädchen La Baita in Clès liebt seine Heimat – und mindestens genauso deren Leckereien

Sehenswert:

Am Anfang der Tour durchfährt man das stark zertalte **Val di Non**, das vom Obstanbau geprägt ist und im Frühling vor Farben überquillt. Der Lago di Santa Giustina entstand durch eine 150 m hohe Staumauer in der tief eingekerbten Schlucht des Flusses Noce. Verschiedene Burgen rahmen malerisch das Val di Non ein (die Burgen von Cles und Nanno, Castello Braghèz bei Taio, die Ruine des Castel Belfòrt bei Spormaggiore, Castel Vallèr bei Tassullo, Castel Thun bei Vigo di Ton).

■ Im Besucherzentrum »Der Bär, der König der Wälder« in **Spormaggiore** (Via Alt Spaur 82) kann man sich Meister Petz aus der Nähe ansehen und erfährt Wissenswertes über die Bären-Population des Adamello-Brenta-Naturparks. Tel.: 0039-0461-653622; Internet: www.proloccospormaggiore.tn.it

■ In der Provinzhauptstadt **Trento** muss man den prächtigen Domplatz mit Neptunbrunnen und umgebenden freskenverzierten Palazzos gesehen haben. Die von dort nach Norden führende Via Belenzani ist die ideale Flaniermeile. Durch enge Gassen der Altstadt gelangt man dann in östlicher Richtung zum Castello del Buonconsiglio, verschiedenen festungsartig von Mauer und Türmen umschlossenen Palästen der ehemaligen fürstbischöflichen Residenz. Die römischen Wurzeln von »Tridentum« sind in den Ausgrabungen unter der Piazza Cesare Battisti zu bewundern. In effektvollem Licht sieht man Mosaikböden, Häuser- und Straßenreste, Kanäle, Brunnen und eine 2.000 Jahre alte Fußbodenheizung in der ehemaligen römischen Garnison.

■ Der **Lago di Molveno** entstand als natürlicher Stausee vor 3.000 Jahren durch einen Felssturz und liegt sehr malerisch zu Füßen der 3.000 m hohen Brenta-Gipfel. Wer Lust auf Berge bekommt, kann vom Ort Molveno aus per Gondelbahn zum Rifugio Montanara hochfahren, von wo sich ein Netz an Wanderwegen erstreckt.

■ Zwischen Trento und Molvenosee passiert man eine ganze Reihe idyllischer Seen, die diesem Abschnitt der SS 45 den Namen **Valle dei Laghi** eingebracht hat. Von den »Laghi« sticht vor allem der smaragdgrüne **Lago di Toblino** mit dem auf einer Halbinsel gelegenen Castello di Toblino heraus. Ein Cappuccino auf der Seeterrasse des Schloss-Cafés lässt die Hektik der nahen SS 45 vergessen. Der

Der wohl kurvigste Obstgarten Italiens - das Val di Non

nur vier Kilometer weiter südlich nahe der Straße gelegene **Lago di Cavédine** wird vom trutzigen Castello di Drena überragt, das mit seiner exponierten Lage ein weiterer Zwischenstopp ist.

■ Auch **Arco** hat eine sehenswerte Burg zu bieten – auf dem steilem Felsen Rocca über der Stadt. In der teilweise restaurierten Ruine sind heute wieder Besichtigungen möglich, auch ein Botanischer Garten ist zugänglich. Die steile Rocca macht Arco auch zum Mekka der Freikletterer; alljährlich finden Meisterschaften statt. Zu Füßen der Burg liegt der mittelalterliche Bereich der Stadt mit engen Gassen. Mit seinen Parks, Villen und Palästen spiegelt Arco in österreichisch-italienischer Mischung die Geschichte des Ortes als nobler Kurort der k.u.k.-Zeit.

■ **Riva del Garda** ist der Hauptort der nördlichen Hälfte des Gardasees und eine Mischung aus sportlich und mondän. Den jugendlich aktiven Flair unterstreicht die Surfer-, Segler- und Mountain-Biker-Szene, die am See und in den nahen Bergen ein Freizeitrevier erster Güte findet. Gleichzeitig hat Riva noble Hotels, Parks mit subtropischer Vegetation, schicke Boutiquen in den Gassen der Altstadt, eine gepflegte Uferpromenade mit venezianischen Palazzos und der mittelalterlichen Wasserburg Rocca. In ihrem Inneren befindet sich das Museo Civico mit Exponaten aus Kunst, Archäologie und Naturgeschichte.

■ Nördlich von Riva sind noch einige sehenswerte Dorfkerne mit alter Bausubstanz, vor allem in **Tenno**. Die Laubengänge, engen Gassen und das Kastell machen einen Spaziergang im südländischen Ambiente des Ortes lohnend. Oberhalb von Tenno ist **Canale** mit vielen alten Häusern ein weiterer Spaziergang ins Mittelalter.

■ Im mittelalterlichen **Castel Sténico** (nahe der gleichnamigen Ortschaft) ist ein Kunstmuseum untergebracht, außerdem gibt es Stich- und Feuerwaffen, Möbel und Alltagsgegenstände verschiedener Epochen zu sehen. Infos unter Tel.: 0039-0465-771004, Internet: www.comano.to .

■ In **Fiavè** im Hochtal von Lomaso wurden die Reste einer 4.000 Jahre alten bronzezeitlichen Pfahlbausiedlung in einem Torfmoor entdeckt. Informationen über Tel.: 0039-0465-701465 bzw. -735268 oder im Internet unter www.comano.to . Eine Ausstellung befindet sich im Dokumentationszentrum neben dem Rathaus. Der Ort selbst gehört zu den »Naturdörfern«, kleinen beschaulich gebliebenen Gemeinden mit einer Entwicklung zum sanften Tourismus, die verstreut im Hügelland um das Thermalbad **Comano** liegen. **Rango** hat davon den schönsten Dorfkern mit Innenhöfen, Brunnen und traditionellen Bauernhöfen. In **Balbido** sind viele Hauswände mit Szenen aus dem bäuerlichen Leben verziert.

■ Westlich der Brenta verläuft die Tour durch das **Valle del Chiese**, das »Tal der Kirchen«, das sich vom Idrosee nach Nordosten zieht. Berühmteste Kirche ist die aus dem 15. Jahrhundert stammende Friedhofskirche **San Vigilio** in **Pinzolo** mit ihrem 20 Meter langen Fresko eines Totentanzes.

■ Das **Museo della Guerra Bianca**, in dem man sich über den Hochgebirgskrieg der Jahre 1915–18 informieren kann, ist zurzeit in der Mittelschule von **Spiazzo** untergebracht. Auskünfte erteilt die Touristen-Information in Pinzolo unter Tel.: 0039-00465-501007.

■ Zu **Rovereto** siehe Tour 5 (Trentino/Veneto)

Trutzige Wehrkirche: Santo Stéfano im Val Genova

Literatur:

Die besten Infos für unterwegs bieten der im Reise-Know-How-Verlag erschienene Band »Gardasee, Verona, Trentino« für 17,50 Euro und das Reisehandbuch »Trentino und Gardasee« aus dem Iwanowski Reisebuchverlag für 22,95 Euro.

■ Für die weitere Lektüre mit Schwerpunkt mehr auf Hintergrundinformation denn auf praktischen Tipps: »Südtirol und das Trentino« aus dem Prestel Verlag, Preis 29,95 Euro.

■ Mit Schwerpunkt auf Bildern und Kurzinfos: HB-Bildatlas Nr. 239, »Gardasee, Trentino« für 8,50 Euro.

Karte:

Als Landkarte empfiehlt sich die Generalkarte Pocket »Südtirol, Dolomiten, Trentino« im Maßstab 1:200.000 für 4,95 Euro.

■ Von Freytag & Berndt gibt es für 7,50 Euro im Maßstab 1:250.000 die Straßenkarte »Südtirol, Trentino«, die auch den Gardasee beinhaltet.

Im Morgennebel über die Kurvenstrecken des Monte Bondone

■ Wer wandern möchte, greift beispielsweise zur Kompass-Wanderkarte Nr. 678 »Friedenspfad / Sentiero della Pace«. Maßstab: 1:50.000. Preis: 6,95 Euro.

Übernachten:

Sehr herzlich aufgenommen wird man im Hotel Silence in Livo, Scanna 20 (Ortsteil Scanna), Tel.: 0039-0463-533153, Fax: -533084, Internet: www.hotelsilence.it. Zudem schläft man direkt inmitten blühender Apfelbäumchen. Übernachtung mit Frühstück im DZ ab 28,50 Euro p.P., Halbpension ab 36 Euro p. P. Deutsch wird gesprochen.

■ Ein guter Ausgangspunkt für Exkursionen in die Täler des Adamello-Gebirges ist das Hotel Centro Pineta, Via Matteotti 43, Pinzolo. Tel.: 0039-0465-502758, Fax: -502311, Internet: www.centropineta.com. Übernachtung mit Halbpension im DZ ab 37 Euro pro Person.

■ Am Gardasee nächtigt man im Hotel La Gioiosa, Via Cartiere 70, Riva del Garda (Ortsteil Varone), Tel.: 0039-0464-521356, Fax: -521253, Internet: www.gioiosa.it. Übernachtung mit Frühstück im DZ ab 32,50 Euro pro Person. Deutsch wird gesprochen.

Links:
Parks mit subtropischer Vegetation: Arco war schon zu k.u.k.-Zeiten ein nobler Kurort

Wer Brems- und Schaltfuß einmal zum Wandern benutzen will, findet dafür im malerischen Val Genova einen guten Grund

■ Ebenfalls am Gardasee liegt in Nago Torbole in der Via Rivana 5/a das Hotel Toresela. Tel.: 0039-0464-540030, Fax: -540095, Internet: www.hoteltoresela.it. Für die Übernachtung im Doppelzimmer zahlt man je nach Saison zwischen 29 und 36 Euro pro Person.

■ Als Stützpunkt am Lago di Molveno empfiehlt sich das Alexander Hotel CimaTosa, Piazza Scuole 7, Molveno, Tel.: 0039-0461-586928, Fax: -586950, Internet: www.alexandermolveno.com. Für die Übernachtung mit Frühstück im DZ zahlt man pro Person ab 30 Euro.

Informationen:

Umfangreiches Infomaterial erhält man bei Trentino S.p.A., Via Romagnosi 11, Trento, Tel.: 0039-0461-839000, Fax: -260245, Internet: www.trentino.to, E-Mail: info@trentino.to

Internet-Adressen:

Webcam, Wetter, Unterkünfte, Veranstaltungen, Trentino-Newsletter unter www.trentino.to

- Wandertipps, Veranstaltungen, Unterkünfte, Valle-di-Non-Bilder und -Video unter www.valledinon.tn.it
- Infos über den Naturpark Adamello-Brenta unter www.parcoadamello.it und www.dolomitibrenta.it
- Veranstaltungen, Unterkünfte, Sehenswert rund um Madonna di Campiglio, Pinzolo, Val Rendena unter www.campiglio.net
- Wissenswertes über das Bären-Auswilderungsprojekt LIFE URSUS im Adamello-Brenta-Naturpark unter www.parcoadamellobrenta.tn.it/lifeursus/lifeursus.htm
- Wetterinfos und Webcams unter www.gardaqui.com/ger
- Infos über die Hauptstadt des Trentino (Paläste, Museen, Unterkünfte, Veranstaltungen u.v.m.) unter www.trento.it
- Sehenswert, Aktivitäten, Unterkünfte, Veranstaltungen unter www.gardatrentinonline.it
- Infos rund um Brenta-Dolomiten und Paganella unter www.aptdolomitipaganella.com

Tipp:

Anfang Mai ist im Val di Non Obstblüte. Zwei Wochen lang bieten die weiten Apfelplantagen ein ganz eigenes Farbenspiel – im Kontrast zu den weißen Berggipfeln von Brenta und Ortlermassiv. Das Hervorbrechen der Blüten schwankt jedes Jahr zeitlich – den genauen Termin kann man telefonisch im Hotel Silence erfragen, das mitten in Obstgärten liegt (siehe Übernachtungen).

- Ein kulinarischer Tempel der rustikalen Art ist das kleine Lädchen La Baita in Cles. Inhaber Fabio Bruni verkauft Köstlichkeiten der Region wie verschiedene Arten Speck, Räucherschinken und -würsten, Brotsorten, Berghonig oder -pilze, Weine. Fast wie wertvolle Sammlerstücke pflegt er seine Käsesorten von ausgesuchten Almen der Trentiner Berge und seine Salami-Palette (Viale Desgasperi 7, nahe der Tankstelle im Zentrum).

ABWEGIG

Nicht nur Esel lieben die Hochebene von Asiago: Gewitzte Motorradfahrer finden hier ein erstklassiges Tourenrevier abseits der Hauptrouten

Der Südrand der Italienischen Alpen bietet die optimale Mischung aus einsamen Bergsträßchen, spannenden Pässen und einer berückend schönen Landschaft. Risiken und Nebenwirkungen: Wer dem Kurventaumel allzu sehr verfällt, übersieht die Spuren eines eindrucksvollen Abschnitts europäischer Geschichte.

Sie heißt Maria Dolens, ist 81 Jahre alt und bringt rund 450 Zentner auf die Waage: die Friedensglocke von Rovereto, hoch oben auf dem Miravalle-Hügel. »Von Papst Paul VI. persönlich geweiht«, »gegossen aus eingeschmolzenen Kanonen aller am Ersten Weltkrieg beteiligten Nationen« erfahre ich, umringt von einer Ausflüglerschar. Und: »sie ist die größte Glocke der Welt, die noch geläutet wird«. Allerdings nur am Abend. Jetzt, um neun Uhr früh, gibt es von Maria Dolens keinen Laut zu hören. Unter stahlblauem Himmel dirigiere ich die BMW zurück nach Rovereto, komplettiere dort meine Altstadtrunde und verdrücke mich nach ein, zwei Espressos in die sonnenüberfluteten Berge. Dieser warme, klare Freitagmorgen verspricht, ein strahlend schöner Tourentag zu werden.

Alles, was ein guter Pass braucht: Schneekettenpflicht, enge Kurven und Schleudergefahr am Passo Coe

Genau der richtige für die Strecke nach Posina, wo der Blick auf die zackigen Konturen der Vizentiner Alpen, auf smaragdgrüne Wälder und die tief ausgekerbte Schlucht des Terragnolo-Tals trifft. Die Straße fädelt sich kurvenreich an der Felswand entlang und passiert hoch über den Klüften ein paar grobschlächtig aus dem Gestein gehauene Tunnel und Galerien. Perfekt. Fehlt nur noch die Ruhe, das grandiose Panorama zu genießen. Horden einheimischer Supersportler bollern im Minutentakt an mir vorüber, sämtliche Parkbuchten mit Aussicht sind mit Wochenendausflüglern belegt. Als ich auf den schmalen Abzweig zum Bórcola-Pass abschwenke, ist die hektische Betriebsamkeit mit einem Schlag vorbei. In moderaten Schleifen lotst mich die Fahrbahn bis zur Passhöhe auf 1.200 Metern und hangelt sich dann in 19 abenteuerlichen Kehren ins Posinatal hinab. Auf der gesamten Etappe kommt mir kein Mensch entgegen, kein Auto, kein Motorrad.

Begeistert drehe ich am Gasgriff und rausche Richtung Posina der nächsten Passstraße entgegen: Passo di Xomo, 1.058

Italien mit Schwarzwald-Ambiente: Auf der Hochebene von Asiago gibt es ausgedehnte Wälder und abgelegene Pisten

Auf der Hochebene von Asiago wird es einsam

Meter – ein Winzling, der auf der Landkarte nur fadendünn verzeichnet ist. Der Abzweig, in Originalgröße so unscheinbar wie im Maßstab 1:200.000, fliegt prompt ungesehen an mir vorbei. Beim zweiten Anlauf werde ich schließlich fündig, blicke jedoch ratlos auf die zwischen Gestrüpp verborgenen Schilder »Attenzione, strada ghiacciata« und »Strada priva di parapetti e segnaletica verticale«. Das Wörterbuch übersetzt Ghiacciata mit »Eisgetränk« und Parapetto mit »Brustwehr«, macht keinen Sinn, also weiter.

Umgeben von dichten Wäldern schlängelt sich das mit Spurrillen und Schlaglöchern

gespickte Asphaltband den Berg hinauf. Enge Biegungen, Kilometer um Kilometer kein Gegenverkehr. Mitunter lichtet sich das Dickicht und gibt den Blick auf das Pasubio-Massiv frei. Zwischen seinen über 2.000 Meter hohen Gipfeln verlief im Ersten Weltkrieg die Frontlinie zwischen Italien und Österreich. Kilometerlange Stollennetze wurden damals in die Berge getrieben, Schützengräben und Drahtverhaue angelegt, nahezu jede Felszinne mit Maschinengewehr-Stellungen, Granatwerfern, Feldhaubitzen und Schnellfeuerkanonen gespickt. Hätte man das am Pasubio eingesetzte Kriegsmaterial komplett einge-

Tiefe Schluchten schneiden die Hochebene der »Sieben Gemeinden« wie einen gigantischen Gesteinsblock heraus

schmolzen und neu gegossen, Maria Dolens – die Friedensglocke von Rovereto – wäre aus allen Nähten geplatzt.

Auf der Passhöhe zweigt rechter Hand die Strada degli Scarubbi zur knapp 2.000 Meter hohen Porte del Pasubio ab. Ein Mountain-Biker strampelt vorbei, hebt gut gelaunt die Hand zum Gruß. Ein bisschen neidisch winke ich zurück, denn das spektakulär gewundene Militärsträßchen über den Pasubio-Pass, einst für jeden passionierten Alpenfahrer ein Muss, ist für motorisierte Fahrzeuge mittlerweile gesperrt. Mir bleibt nur die Abfahrt in Richtung Ponte Verde. Und die ist kurventechnisch gesehen ebenfalls ein Gedicht.

Kurvig geht es weiter zum Passo Pian delle Fugazze, nach Camposilvano, zurück zur Ponte Verde und über Valli del Pasubio nach Schio. Hinter Cogollo stellen sich erste Schwindelgefühle ein. Doch der Kurventanz fängt jetzt erst richtig an. In extrabreiten Serpentinen zwirbelt sich die mit perfektem Bodenbelag ausgestattete Nationalstraße 349 der Hochebene von Asiago entgegen. Supersportler ziehen mit Grand-Prix-Geschwindigkeiten an mir vorbei, die Nummernschilder bis zur Unkenntlichkeit mit Schlamm

Asiago mit Rathaus und Piazza

beschmiert. Ein etwas »unsauberer« Trick der hiesigen Rennfraktion, so scheint's, den sporadisch auftauchenden Blitzanlagen ein Schnippchen zu schlagen.

Eine Runde durch Asiago, dann brettere ich über Roana nach Rotzo, um mich in einer weiteren, schier unglaublichen und nicht enden wollenden Serpentinenfolge von der Hochebene hinunter ins Astico-Tal zu winden. Schon der Ausblick auf die schmale, aus der schieren Felswand geschlagene Streckenführung macht klar, dass auf dieser Etappe weder Rennfahrer noch Radarfallen anzutreffen sind. Mit zurückhaltender Gashand taste ich mich hinab, flankiert von einem kaum wadenhohen Begrenzungsmäuerchen, das mich vor einem Sturz in den Abgrund bewahren soll.

Auf der anderen Talseite geht es wieder steil bergan. Der nächsten Hochfläche, Tonezza, entgegen, die nahezu spiegelbildlich zum Hochplateau von Asiago wie ein rund 1.300 Meter hoher Treppenabsatz aus der Landschaft ragt. Sieht fast so aus, als wollten sich die italienischen Alpen hier ein letztes Mal aufbäumen, bevor sie sich nach Südosten hin allmählich in der Ebene verlieren. Hinter Arsiero schlängelt sich die Straße kaum

Auf den Berg und durch den Berg: Auf den Strecken rund um den Passo di Vézena sind die Tunnel rustikal und unbeleuchtet

fahrzeugbreit an der Astico-Schlucht entlang, passiert ein gutes Duzend Felstunnel, gibt den Blick auf die nun gegenüberliegende Hochfläche von Asiago frei, gabelt sich und stürmt mit Aussicht auf den Monte Campolón dem 1.608 Meter hohen Passo Coe entgegen. Hier eine Kuhherde, dort ein paar Wanderer, dazwischen nichts als Bergeinsamkeit. Auf der Passhöhe schließlich ein Rifugio mit einer Auswahl regionaltypischer Leckereien für den längst fälligen Zwischenstopp: es gibt »Strudel«, »Speck« und »Wurstl e crauti«.

Ich bin zurück im Trentino, wo sich noch so manches Schmankerl aus den Zeiten der österreichischen k.u.k-Monarchie auf dem Speiseplan gehalten hat. Auf dem Weg nach Folgaría entdecke ich einen Grenzstein von 1853, der neben dem Trentino – damals »Tirol« – auch das benachbarte Veneto als österreichisches Staatsgebiet markiert. Damals erstreckte sich das österreichische Kaiserreich samt Topfenstrudel, Apfelstrudel und Co. bis an die Adria, umfasste die Lombardei, die Toskana sowie den größten Teil des heutigen Kroatiens. 1866 fiel Venetien an Italien, das Trentino blieb bei Österreich, die Landesgrenze schob sich zwischen Nachbarn, Freunde, Familien. Deren Kinder und Enkel wiederum standen sich 49 Jahre später an der Frontlinie des Ersten Weltkriegs gegenüber. Mir schwirrt der Kopf – vom Strudel der Geschichte.

Auf dem Hochplateau von Lavarone – Folgaría und Passo del Sommo liegen hinter mir – rolle ich durch die Ortschaft Capella zum österreichisch-ungarischen Festungswerk Belvedere-Gschwent, von dem man über die Astico-Schlucht zum italienischen Festungswerk Campomolón auf dem Tonezza-Hochplateau schauen kann. Der Weg führt an der »Via Tiroler Kaiserjägerstraße« und der »Piazza degli Alpini« vorbei – benannt nach jenen, die sich hier einst bekriegten. Doch die Gegner von einst sind nicht nur im Straßenbild

Das alte österreichische Fort Belvedere-Gschwendt aus dem 1. Weltkrieg ist heute Kriegsmuseum

Der passende Schnaps zum Berg: Vom Monte Grappa kann man als ideales Souvenir eine Flasche Grappa für die Lieben zuhause mitbringen

friedlich zusammengerückt. Die meterdicken Mauern von Belvedere-Gschwent, die weitläufigen Ausstellungsräume, die Außenanlagen mit grandiosem Panoramablick: der gesamte Festungskomplex wurde von Italienern und Österreichern gemeinsam restauriert. Im vereinten Europa stehen die Zeichen auf Versöhnung.

Ein Grund mehr, den Gedanken an den militärischen Ursprung vieler Bergstraßen zwischen Trentino und Veneto beiseite zu legen und die fantastischen Kurvenstrecken in vollen Zügen zu genießen. Über den Passo di Vezzana rausche ich ostwärts, streife Asiago und Gállio, schlage mich auf teils geschotterten Sträßchen durch die Wälder nach Enego durch, schwenke auf die reich gewundene Straße nach Arsiè und heize über die SS 50 dem nördlichen Einstieg der Monte-Grappa-Route entgegen. In den Kriegsjahren 1917/18 in kürzester Zeit aus dem Bergmassiv gehobelt, heute mit verbreiterten Serpentinen und einer perfekten Asphaltdecke versehen, zwirbelt sich das ehemalige Militärsträßchen von gut 300 auf 1.745 Meter Höhe. Über den Monte Cismon, um den Monte Pertica herum, durch Wälder, Wiesen, Weideland – direkt in eine Wolkendecke hinein. Links und rechts zweigen verschlungene Wege von der Hauptroute ab und verlieren sich im Nebel. Manche führen zu Almhütten, in denen man vespern oder Käse kaufen kann. Manche zu Barackenresten, Kaverneneingängen und Schützengräben. Tausende Soldaten ließen auf dem Monte-Grappa-Massiv ihr Leben. Ihre sterblichen Überreste ruhen im Sacrario auf dem Gipfelplateau.

Auf dem Weg nach Bassano lichtet sich der Nebel und der Blick gleitet über die venezianische Tiefebene bis zur Adria. Genial! Im Westen die Hochplateaus von Asiago, Tonezza, Lavarone, dahinter mehrfach geschichtete Alpengipfel. Für einen Moment glaube ich, Venedig zu erkennen, doch die grandiosen Serpentinen der SS 141 beanspruchen meine volle Aufmerksamkeit und tragen mich bereits hinab, in einem nicht enden wollenden Kurvenslalom, von alpinen Höhen bis fast auf Meeresnivau. Mit jedem Höhenmeter, den ich verliere, wird es wärmer. In Romana ziehen erntereife Granatapfelbäume am Straßenrand vorbei, aus den Vorgärten wuchern Blumen und Palmen. Und dann: Bassano del Grappa.

Schmale Gassen ziehen mich wie Fangarme ins Zentrum, als wollten sie demonstrieren, dass ein Abstecher ins rund 70 Kilometer entfernte Venedig gar nicht nötig ist. Laubengänge

Wo die Früchte vor die Reifen fallen: Südlich des Monte Grappa begrüßt die Oberitalienische Tiefebene mit Granatäpfeln

zweigen zu Palästen, Patrizierhäusern und malerischen Plätzen ab, Fresken zieren die Häuserfassaden wie eine Gemäldegalerie. Mit der Ponte degli Alpini über den Brenta-Fluss hat Bassano sogar eine Brücke zu bieten, die hierzulande fast so berühmt ist wie die Rialtobrücke über den Canale Grande. Und – da muss Venedig passen – einen Paradeblick auf den Monte Grappa, dem die Stadt den Beinamen »del Grappa« zu verdanken hat. Dazu gibt's Cappuccino im Straßencafé. Grappa – lokal gebrannt, knapp 43 Prozent Alkoholgehalt – wäre passender.

Doch ich will weiter nach Recoaro Terme, wo laut Landkarte die kleinen Brüder der Dolomiten anzutreffen sind: die »Piccole Dolomiti«. Noch ein kurvenreicher Schlenker über Conco, Lusiana und Breganze, dann dirigiere ich die BMW über Schio und Passo Xon den ersten kleinen Dolomitenzacken entgegen. Halbwüchsige, im Vergleich mit dem Original im Norden, die mit Müh und Not die 2.000-Meter-Marke durchbrechen. Und dennoch: mit dem Kurhaus und den gepflegten Parkanlagen Recoaros im Vordergrund geben sie ein

Hinter Recoaro Terme geht es in die Berge Richtung "Kleine Dolomiten"

brauchbares Postkartenmotiv her. Wunderschön auch die Aussicht von der Südrampe des Passo di Campogrosso, die sich in engen Kehren bis auf 1.457 Meter schraubt. Dann findet der Fahrspaß vor einem weiß-roten Schild ein jähes Ende: »Durchfahrt verboten«.

Enttäuscht kehre ich um und fahre in die westlich der Kleinen Dolomiten gelegenen Monti Lessini. Sind auch Berge. Zwar kaum 2.000 Meter hoch, aber mit einer Vielzahl gewundener Sträßchen versehen, die man mit dem Motorrad ungehindert befahren kann. Hinter Bosco Chiesanuova stoße ich sogar auf eine Serpentinenstrecke von Weltklasseniveau: Passo Fittanze – moderate Südrampe, unspektakuläre Passhöhe, aber eine Nordrampe, die es in sich hat. Auf kürzester Distanz sind gut 1.200 Höhenmeter zu überwinden. Entsprechend abrupt stürzt sich das kaum fahrzeugbreite Sträßchen vom äußersten Rand des Lessinia-Naturparks mit bis

Grenzstein von 1853 nahe des Passo Coe, als sowohl Südtirol-Trentino als auch das Veneto Teile des österreichischen Kaiserreiches waren

Vom Pass zur Sackgasse: Der Campogrosso entpuppt sich als nicht mehr durchgängig befahrbar, doch die Bergwelt der »Kleinen Dolomiten« macht den Abstecher lohnend

zu 22 Prozent Gefälle durch die Wälder, eröffnet einen gigantischen Etschtal-Blick und hangelt sich schließlich in abenteuerlichen Schlenkern an der Felswand hinab. Phänomenal.

Eine kurze Verschnaufpause bis Ávio, wo mich ein Asphaltbändchen in ausgelassenen Schlenkern vom Etschtal auf den knapp 1500 Meter Rücken des Monte-Baldo-Massivs katapultiert. Bei San Valentino treffe ich auf die Monte-Baldo-Höhenstraße, die bis zur Bocca del Creer mitten auf der Frontlinie des Ersten Weltkriegs verläuft. Rovereto ist nicht mehr weit. Ich stelle den Motor ab, um bei Anbruch der Abenddämmerung das Läuten der Friedensglocke zu hören. Just in dem Moment zerreißt ein trommelfeuerartiges Geräusch die Stille, das aus Richtung Etschtal allmählich näher rückt und mit ohrenbetäubender Lautstärke an mir vorüberzieht. Es ist die heimische Ducati-Fraktion. Dagegen hat Maria Dolens akustisch keine Chance.

Auf Entdeckertour östlich des Gardasees: Die Sieben Gemeinden, Lessinischen Berge oder der Monte Grappa sind vielleicht nicht die bekanntesten Bergregionen. Doch hier am Südrand der Alpen warten zahllose Kurvenstrecken erster Güte – auch wenn die vielen Pässe nicht ganz die Höhen der nahen Dolomitenstraßen erreichen. Wer einmal ein neues Revier mit kleinen, verwinkelten Sträßchen entdecken will und die Berge nicht ganz so hoch braucht, wird hier begeistert sein.

Route:

Rovereto – nach dem Ort links von SS 46 ab ins Leno-di-Terragnolo-Tal – Terragnolo – Passo di Bórcola – Passo di Xomo – Ponte Verde – Passo Pian delle Fugazze – links ab von SS 46 nach Camposilvano – südlich von Vallarsa zurück auf SS 46 – zurück zu Passo Pian delle Fugazze – Schio – Piovene – Cogollo – Asiago – Roana – Rotzo – Arsiero – Tonezza – Passo della Vena – Passo Coe – Folgarìa – Passo del Sommo – Lavarone/Festung Belvedere-Gschwendt – Passo di Vézzena – Asiago – Gállio – Valle di Campomulo/Monte Fiara – Malga Buson – Malga di Ronchetto – Énego – Arsiè – Serèn – Monte Grappa – Bassano del Grappa – Conco – Lusiana – Breganze – Schio – Valli – Recoaro – Abstecher Passo di Campogrosso (nicht durchgängig) – Recoaro – Valdagno – Altissimo – Crespadoro – Selva – Velo – Rovere – Cerro – Bosco – Passo Fittanze – Ávio – San Giácomo – Brentónico – Mori – Rovereto → **530 km**

Herrliche Kurven - und keiner kommt: Selva di Progno liegt in einer beschaulichen Ecke der Monti Lessini

Varianten:

Vom Passo della Vena lässt sich als Alternative zum Passo Coe nach rechts (Nordwesten) abzweigend auf kurviger Strecke direkt zum Passo del Sommo fahren (3 km kürzer) oder weiter über Folgarìa – Calliano/Castel Beseno – Rovereto – Terragnolo eine Runde zum Passo del Sommo schließen (zusätzlich knapp 40 km).

■ In den südlichen Ausläufern der Monti Lessini gibt es im Dreieck Sant´Ambrogio – Sant´Anna – Badía ein Labyrinth an winzigen Straßen, die Entdeckernaturen mit guter Karte zu einer kurvige Fahrt zu kleinsten Dörfern und Weilern in der markanten Hügellandschaft ermuntern.

■ Zwischen Brentónico und und Ávio führt auf der Rückseite des Monte-Baldo-Massivs westlich der beschriebenen Strecke die Monte-Baldo-Höhenstraße in nördlicher Richtung zum Rifugio Graziani. Die Straße ist oft nur fahrzeugbreit. Nach Süden kann man eine kleine Runde um den gestauten Lago di Pra de la Stua drehen (zusätzlich 20 km) oder bis nach Caprino abfahren und über Sant´ Anna und die Hochebene der Monti Lessini eine Runde nach Ávio schließen (zusätzlich knapp 100 km).

■ Verbindung zu Tour 3 (Dolomiten) besteht nach dem Passo del Sommo über die SS 349 und Calceranica zum Lago di Caldonazzo und weiter durch das Val Sugana zum Passo Manghen (knapp 40 km bis Scurelle am Fuß des Manghen).

Ein Abstecher mit Gardasee-Blick muss sein: Von Nago geht es hoch Richtung Monte Altissimo

■ Verbindung zu Tour 4 (Trentino) macht man entweder nach dem Passo del Sommo auf der kurvenreichen SS 349 nach Trento (25 km) oder von Rovereto hinüber zum Gardasee (knapp 20 km).
■ Tour 6 (Friaul) erreicht man über Feltre und Belluno auf der SS 50 und weiter auf der SS 51 nach Longarone (50 km).

Die »Kleinen Dolomiten« um den Campogrosso

Pässe der Region:

Passo di Bórcola (1.206 m)
Passo di Xomo (1.058 m)
Passo Piàn delle Fugazze (1.156 m)
Passo della Vena (1.546 m)
Passo Coe (1.608 m)
Passo del Sommo (1.343 m)
Passo di Vézzena (1.402 m)
Passo Xon (668 m)
Passo di Campogrosso (1.457 m)
Passo Fittanze (1.399 m)

Sehenswert:

Rovereto liegt sehr schön inmitten von Weingärten im Etschtal. In der sehenswerten Altstadt ist vor allem die Piazza Rosmini ein Anlaufpunkt. Durch das Gewirr kleiner und kleinster Gassen kommt man zur Piazza della Podestà, die von der mächtigen Burg, dem **Castello Rovereto**, überragt wird. Dort befindet sich auch das Italienische Historische Kriegsmuseum (Via Castelbarco 7), das eine umfangreiche Ausstellung über den Ersten Weltkrieg von Waffen und Uniformen bis zu Tagebüchern, Briefen und Schützengraben-Zeitungen beherbergt. Tel.: 0039-0464-438100, Internet: www.museodellaguerra.it . Nördlich von Rovereto erinnert die größte Festungsanlage des Trentino – das **Castel Beseno** – daran, dass die Region auch schon im Mittelalter hart umkämpft war. Auskünfte erteilt das Fremdenverkehrsamt in Rovereto, Tel.: 0039-0464-430363.

■ Die **Festung Belvedere-Gschwent** in Lavarone (nahe Capella) zählt zu den imposantesten Festungsanlagen des Ersten Weltkriegs. Integriert ist ein Kriegsmuseum, das die Geschehnisse jener Tage anschaulich dokumentiert. Tel.: 0039-0464-780005, Internet: www.fortebelvedere.org

■ Interessantes über den Ersten Weltkrieg erfährt man auch im **Museo della Guerra 1915–1918** in Canove di Roana bei Asiago (Via Roma 30). Täglich geöffnet, Infos unter Tel.: 0039-0424-692405.

■ **Asiago** liegt zentral auf der nach der Stadt benannten Hochebene; die Region ist auch als **Altopiano dei Sette Communi** – »Hochebene der Sieben Gemeinden« bekannt und war im Ersten Weltkrieg verlustreich umkämpft. Die Gebeine von 51.000 Gefallenen finden sich in der Gedenkstätte **Ossario di Asiago**, dem weithin sichtbaren monumentalen »Beinhaus« auf einem Hügel bei der Stadt.

■ Ein großes Ossario steht auch etwas abseits der SS 46 östlich des Pasubio/Passo Pian delle Fugazze. Vor der Kulisse alter Kanonen sind in den katakombenartigen Gängen der Gedenkstätte **Ossario del Pasubio** Schädel und Gebeine von gefallenen Soldaten sichtbar.

■ **Bassano del Grappa** liegt sehr malerisch am Fuße des Monte Grappa. Die aus der wunderschönen Altstadt über den Brenta-Fluss führende Holzbrücke geht auf den Baumeister Palladio zurück. Sehenswert ist auch das **Grappa-Museum** in Bassano del Grappa

Schwere Kanone von der einstigen Alpenfront vor dem Kriegsmuseum in Rovereto

Die Monti Lessini sind eine Entdeckung der Einsamkeit, denn man kurvt meist ohne Gegenverkehr

(Via Gamba 6). Dienstags bis sonntags geöffnet, Infos unter Tel.: 0039-0424-524426.

■ Nur sieben Kilometer von Bassano del Grappa entfernt liegt **Maróstica**, das mit seiner vollständigen Stadtmauer, dem zinnenbewehrten Kastell und den geschlossenen Häuser-Ensembles seiner Piazzas und engen Gassen eine Zeitreise ist. Teil der Piazza Castello vor der Burg ist ein überdimensionales Schachbrett, auf dem jedes Jahr in der zweiten Septemberwoche mit lebenden Schachfiguren gespielt wird. Infos unter Tel.: 0039-0424-72127 und im Internet unter: www.turismo.regione.veneto.it und www. marosticascacchi.it

■ Die **Monti Lessini** sind ein südliches Vorgebirge der Alpen und präsentieren sich meist als Hügellandschaft mit tiefen, nach Süden ausfächernden Tälern. Über Sprache und Kultur der Zimbern (auch: Kimbern), die im 12. Jahrhundert als deutsche Sprachgruppe diese Region besiedelten, informiert man sich im **Museo Etnografico di Cimbri di Giazza** (im Dorf Giazza am Ende des Val d'Illasi innerhalb des Lessinia-Naturparks), Tel.: 0039-045-7847050. Weitere Ausstellungsstücke im **Museo della tradizione cimbra** in Roana (Piazza S. Giustina) bei Asiago, Tel.: 0039-0424-66047.

■ Von den Monti Lessini ist es nicht weit nach **Vicenza**, einer der prächtigsten oberitalienischen Städte und von der UNESCO als Weltkulturerbe bewertet. Die Stadt ist geprägt durch das venezianische Architektengenie des 16. Jahrhunderts, Andrea Palladio. Auf ihn gehen unter anderem das Teatro Olimpico, der Chiericati-Palast sowie Basilica und Loggia del Capitano auf der Piazza dei Signori zurück. Der nach dem Meister benannte Corso Palladio ist die ideale Flaniermeile und mit einer ganzen Serie prächtiger Villen ausgestattet. Die mit der Hausnummer 163 ist als Casa Palladio ein weiteres architektonisches Paradestück. Palladios Architektur durchzieht aber darüber hinaus als »Die Villen« die gesamte Provinz Vicenza. Für die High Society der Zeit stattete Palladio (und viele seiner Kollegen) auch sehr abgelegene Landgüter mit Herrenhäusern in bezeichnend klassizistischen Baustil aus. Informationen über die schönsten der 4.000 gelisteten Bauwerke unter www. vicenzae.org .

Literatur:

Sehr informativ und hintergründig: Reisehandbuch »Trentino und Gardasee« aus dem Iwanowski Reisebuchverlag für 22,95 Euro.

■ Ebenfalls empfehlenswert: »Gardasee, Verona, Trentino« aus dem Reise-Know-How-Verlag für 17,50 Euro

Karte:

Generalkarte Extra Italien, Blatt Nr. 3 »Südtirol, Trentino« im Maßsstab 1:200.000, 7,50 Euro. Oder ADAC-Urlaubskarte Europa »Gardasee/Venetien/Friaul«, 1:200.000, 7,50 Euro.

■ Wer wandern möchte, greift beispielsweise zu den Kompass-Karten Nr. 100 »Monti Lessini, Gruppo della Carega, Recoaro Terme« und Nr. 101 »Rovereto–Monte Pasubio« im Maßstab 1:50.000 für jeweils 6,95 Euro.

Übernachten:

Beliebtes Motorradhotel im Vallarsa-Tal: Albergo alla Lanterna, Foxi di Vallarsa (Foxi 22), Tel.: 0039-0464-869144, Fax: -869257, E-Mail: info@lanternafox.com, Internet: www.lanternafox.com. Das Haus ist Mitglied im Club Mototurismo Trentino, der Chef fährt

Bei Asiago erinnert ein monumentales Gebeinhaus an die Gefallenen des Ersten Weltkrieges

Motorrad und erteilt Tourentipps, Tourenbegleitung auf Anfrage. Für die Übernachtung mit Frühstück im Doppelzimmer zahlt man ab 28 Euro pro Person.

■ Zentral in Schio (zwischen Piazza Statuto und Piazza IV Novembre) liegt das Hotel Nuovo Miramonti (Via Marconi 3, Tel.: 0445-529900, Fax: -528134, Internet www.hotelmiramonti.com, E-Mail: info@hotelmiramonti.com. Für die Übernachtung im Doppelzimmer zahlt man 46 Euro pro Person.

■ Sehenswerte Sackgasse: Im Rifugio Campogrosso, auf 1.457 Metern am gleichnamigen Pass gelegen, zahlt man für die Übernachtung mit Frühstück im Doppelzimmer ab 24,50 Euro pro Person. Da der Campogrosso nicht mehr durchgängig befahrbar ist, erreicht man das Rifugio nur von Recoaro aus.

■ Monte-Baldo-Massiv am östlichen Gardasee: Das Rifugio Graziani liegt an der Monte-Baldo-Höhenstraße am südlichen Fuße des Monte Altissimo – zu erreichen über San Giácomo oder Ávio. Die Übernachtung in der urigen Berghütte kostet 20 Euro, die Halbpension 26 Euro p.P. Tel.: 0039-0464-867005.

■ Ebenfalls am Ostrand des Monte Baldo und in San Giácomo direkt auf der beschriebenen Route liegt das sehr schön alpenländisch gestaltete Hotel S. Giacomo, Brentonico, Tel.: 0464-391560

Baden und Bolzen: In Recoaros Therme ist Ersteres möglich, auf den Kurvenstrecken hinter dem Ort Letzteres

oder 391552, Fax: -391633, Internet: www.hotelsgiacomo.it, E-Mail: info@hotelsgiacomo.it. Für die Übernachtung im Doppelzimmer zahlt man mit Halbpension ab 53 Euro p.P.

Informationen:

Auskünfte über das östliche Trentino erteilt Trentino S.p.A., Via Romagnosi 11, Trento, Tel.: 0039-0461-839000, Fax: -260245, E-Mail: info@trentino.to, Internet: www.trentino.to. Infos über die Provinz Vicenza bekommt man beim Fremdenverkehrsamt V.I.P., Via E. Fermi 134, Vicenza, Tel.: 0039-0444-964380, Fax: -994779, E-Mail: info@vizenzae.org, Internet: www.vicenzae.org

Internet-Adressen:

Infos über die Region Veneto unter **www.regione.veneto.it**

- Infos über die Provinz Vicenza unter **www.provincia.vicenza.it**
- Infos über den Lessinia-Naturpark unter **www.lessiniapark.it**
- Kultur, Natur, Veranstaltungen, Unterkünfte, Sport und Aktivitäten rund um die »Kleinen Dolomiten« unter **www.recoaroterme.com**

- Wetterinfos unter www.meteotrentino.it
- Veranstaltungen, Unterkünfte u.v.m. unter www.provincia.tn.it
- Übernachtungstipps unter www.trentinohotels.info
- Infos über den Club Mototurismo Trentino und die assoziierten Hotels unter www.mototurismo.net

Tipp:

Wer von der Monte-Baldo-Höhenstraße einen Blick auf den Gardasee sucht, wird nur an einer Stelle kurz fündig: an der Bocca di Navene (2,5 km südlich des Rifugio Graziani) kann man ein wenig vom See erspähen. Deshalb lohnt es, den wesentlich besseren Blick von der 1.720 Meter hohen Bocca Tratto Spina sich zu Fuß zu erobern. Man erreicht den »Belvedere des Gardasees« über Wanderweg 651, der 500 m südlich der Bocca di Navene von der Höhenstraße abzweigt (5 km für die Rundwanderung).

- Vom Rifugio Graziani führt der – mit einer weißen Taube markierte – Sentiero della Pace (Friedenspfad) auf den Spuren des Ersten Weltkrieges zum Monte Altissimo.

Rovereto ist Ausgangs- und Endpunkt der Tour und auch als Stadt sehenswert

GEGEN DEN TREND

Wenn es auf den Dolomitenpässen laut und voll wird, ist im Friaul noch immer viel Platz für stille Momente – hier auf dem Monte Zoncolàn

FRIAUL

Einsamkeit statt Trubel, Pässe und Bergsträßchen mit einem Hauch von Expeditionscharakter – und jede Menge leckerer Schinken. Ob Nebensaison oder Hochsaison: Im Osten der Italienischen Alpen finden Motorradfahrer ein Top-Tourenrevier.

Der Schneepflug auf der Sella Nevea hat Sommerpause

Pfingstwochenende. Die Sonne strahlt, der Himmel ist blau, die Bikerfraktion setzt zum Großangriff auf die Dolomiten an. Vom Brenner kommend lasse ich mich mitreißen, rausche zwischen Chopper- und Enduro-Pulks durchs Eisacktal, zwischen Sporttourer- und Supersportler-Pulks durchs Pustertal. Am Abzweig Gadertal lege ich einen Zwischenstopp ein und beobachte, wie der Motorradtrek gen Süden pulsiert, Traumrouten wie Sella Ronda, Valparola- und Falzàrego-Pass entgegen. Einen Moment zuckt es in den Fingern. Jetzt hinterherbrettern. Doch mein Entschuss steht fest. In diesem Frühjahr steht für die BMW und mich eine ruhigere Ecke der Italienischen Alpen auf dem Programm: Friaul.

Erstes Etappenziel: Kreuzbergpass. Nach der hektischen

Der untere der Laghi di Fusine mit perfekter Spiegelung der Julischen Alpen

Anfahrt über den Pustertaler Highway die reinste Wellnesskur. In hübschen Schlenkern führt mich die Straße zur Passhöhe auf 1.636 Metern, der Blick streift über die Felsnadeln, Türme und Spitzen der Sextener Dolomiten. Hier ein Auto, dort ein Motorrad, ansonsten ist es still. Entspannt atme ich durch und kurve durch die Wälder hinab nach Santo Stéfano di Cadore.

Je weiter ich über die »Strada delle Dolomiti Carniche« nach Osten vordringen, desto einsamer wird es. Bis auf einen mit Brennholz beladenen Ape – italienischer Bonsai-Pick-up auf drei Rädern – kommt mir zwischen Sappada und Comeglians kein einziges Fahrzeug entgegen. Dabei soll das grenzüberschreitende Tourismusprojekt »Karnische Dolomitenstraße« den Fremdenverkehr anlocken und im Wechselspiel zwischen Italien und Österreich rund um die Karnischen Alpen führen. Dolomiten – wie der Name vermuten lässt – gibt es keine zu sehen. Doch die Landschaft ist schön, die Strecke kurvig und von der Hauptroute zweigen winzigste Traumstraßen in die Berge ab. Zum Beispiel die Panoramica delle Vette, die – zum Teil geschottert – mit genialer Aussicht über die Karnischen und

Im Canale Dogna endet irgendwann die Straße – und deshalb gibt es auch so gut wie keinen Vekehr

Julischen Alpen bis auf 1.967 Meter führt. Oder die Verbindung zwischen Tualis und Ravascletto – wo die dicke R 1150 R gehörig ins Schlingern gerät. Super zu fahren bis zum Baustellen-Schild »Attenzione«, dahinter ein Hindernisparcours aus Tiefsand, Steinen und Raupenfahrzeugen.

Die Karnische Dolomitenstraße – mitunter kaum noch Fiat-Punto-breit und von den abzweigenden Bergsträßchen nur unwesentlich zu unterscheiden – mündet bei Sutrio in die SS 52, strebt nach Norden hin dem Hauptkamm der Karnischen Alpen entgegen und zwirbelt sich über den Plöckenpass nach Österreich. Ich hingegen schwenke auf das schmale Asphaltband bei Paluzza ab und kurve über Ligosullo und die knapp 1.100 Meter hohe Forcella di Lius nach Paula-

ro. Kaum liegt diese tolle Bergstrecke hinter mir, wartet bereits die nächste: Passo del Casón di Lanza, 1.552 Meter. Nur wo? Gut zehn Minuten bollere ich durch das dörfliche Idyll Paularos, ohne den auf der Landkarte dick und gelb verzeichneten Einstieg zur Westrampe zu finden. Vier End-Siebziger vor der örtlichen Bar wissen schließlich Rat (»Pass nach Pontebba? Mit dem ›moto‹? Si, si. Naturalmente. Kein Problem.«) und deuten auf eine Lücke zwischen zwei Häuserzeilen.

Kurze Zeit später taste ich mich über ein einspuriges Asphaltband an steilen Felswänden entlang nach oben. Genieße eine grandiose Aussicht, passiere einen grob behauenen Steintunnel und realisiere, dass die Straße kurz nach dem Baustel-

Fast schon kultig: Die Bar »ai 7 nani« (Zu den Sieben Zwergen) am oberen der Laghi di Fusine

lenschild „Attenzione" komplett weggebrochen ist. Seit heute, gestern oder bereits vor vierzig Jahren, nachdem die netten Signori aus der Bar mit ihren handgeschalteten Vespas zum letzten Mal hier entlanggeschreddert sind? Kein Mensch weit und breit, der die Frage beantworten könnte. Also kehre ich um und nehme die Alternativroute durchs Chiarzo-Tal unter die Räder, an dessen Ende ich erneut auf die Karnische Dolomitenstraße stoße.

Südlich von Tolmezzo treffe ich auf den Tagliamento. Er ist der größte jener steineschiebenden Flüsse, deren weite Kiesbetten die Landschaft des Friaul grafisch unterteilen. Äste, Stämme, Geröll, ja sogar riesige Felsbrocken, die aus den Alpen herabgerumpelt sind, werden von seinem nahezu karibisch blauen Wasserlauf fortgezerrt. Der Fella, dem ich bis Moggio folge, schafft weiteres Gestein heran. Der Aupa, der von Norden in den Fella mündet, ebenso. Wenn man die Arbeitsleistung all dieser Flüsse auf die Jahrtausende hochrechnet, ist es ein Glück, dass es im Friaul überhaupt noch Berge gibt. Und Passstraßen wie die Sella di Cereschiatis, die

mich in wunderschönen Serpentinen nach Pontebba trägt.

Ich erkunde die kaum fahrzeugbreite, bisweilen wild gewundene und fast vollständig zerfledderte Ostrampe des Passo del Casón di Lanza bis zur Abbruchstelle, fahre zurück nach Pontebba und grase die Karnische Dolomitenstraße (jetzt: SS 13) nach weiteren Sackgassen ab. Ein besonders schönes Exemplar: Canale di Dogna. Ein ehemaliges Militärsträßchen führt mich von 425 Metern auf 1.392 Meter Höhe, bietet spektakuläre Ausblicke auf die umliegende Felslandschaft und erstklassigen Fahrgenuss. Nach 18 Kilometern erwartet mich kein weiterer Straßenabbruch, sondern eine von Wiesen umgebene Alm, in der man Milch und Käse kaufen kann.

Valle di Ugovizza, Valbruna – nahezu jeder Taleinschnitt der Karnischen Alpen verleitet mich zu einem Abstecher von der SS 13, sodass ich auf dem Weg nach Tarvisio kaum Strecke mache. Das sollte ich jetzt aber, denn im Osten kündigt sich ein weiteres interessantes Gebirge an: Die Julischen Alpen. Ich schwenke von der Karnischen Dolomitenstraße auf die »54« in Richtung Slowenien und

Es geht auch ohne Geranienkübel: Die Dörfer im Friaul wirken natürlicher, erdiger als in vielen Alpenregionen, weil sie weniger vom Tourismus geprägt sind

Die Piazza in Venzone (Bild oben) ist heute wieder ein Schmuckstück, obwohl alle Gebäude nach den Erdbeben von 1976 zerstört waren. Klasse Bergstrecken (unteres Bild) gibt es gleich in der Umgebung des Ortes

Motorrad-Enthusiasten in Venzone (oben) und traditionelle Holzhäuser in Sauris (unten)

Alpenhochgefühle vom Feinsten: Blick von der Mangartstraße in Slowenien auf die Berge des Friaul

fahre direkt darauf zu. Oder besser: indirekt. Denn kurz hinter Tarvisio lockt mich erneut eine Sackgasse von der Hauptroute ab. Der Beschilderung »Laghi di Fusine« folgend, gelange ich zu zwei kristallklaren, von geheimnisvollen Wäldern gerahmten Seen. Und hinter den sieben Bergen – am Ende der Teerstraße – warten die sieben Zwerge. In Porzellan-, Holz- und Plüschausführung

gucken sie aus den puppenstubenhaften Fenstern der Bar »ai 7 nani« – »zu den Sieben Zwergen«.

Zwei Ecken weiter gucken sieben Beamte aus den Fenstern ihres Zollhäuschens, begrüßen mich freundlich und winken mich durch: »Willkommen in Slowenien«. Im Augenwinkel fliegt die seit Mai 2004 gehisste EU-Flagge vorbei. Dann geht es über Kranjska Gora dem Vršič-

Steineschieber in Karibikblau: Der Tagliamento bringt riesige Gesteinsmengen aus den Karnischen Alpen mit

Pass entgegen, der in engen, gepflasterten Kehren bis auf 1.611 Meter führt. Die Julischen Alpen rücken näher, bauen ihre wuchtigen Flanken vor mir auf, recken ihre zackigen Gipfel in den Himmel, als wollten sie demonstrieren, dass sie die benachbarten Karnischen Alpen um ein Vielfaches überragen. Was nicht ganz der Realität entspricht: Der Triglav, mit 2.864 Metern Sloweniens höchster Berg, ist gerade mal 84 Meter höher als der höchste Berg der Karnischen Alpen, die Hohe Warte. Von der Mangart-Stichstraße, die ich über das Soča-Tal und die Südrampe des Predil-Passes erreiche, kann ich aus 2.055 Metern über die Gipfel beider Grenzgebirge schauen. Wie auf einer IMAX-Kinoleinwand breiten sie sich vor mir aus: schroffe Felsspitzen, von Wölkchen umspielt, im Dunst des Gegenlichts mehrfach geschichtet bis zum Horizont. Und das für nur drei Euro Maut.

Über die kühn gewundene Mangartstraße – an sich schon jeden Cent wert – rolle ich wieder hinab und fahre über den Predil-Pass zurück ins Friaul. Anschließend kurve ich im Wechselspiel zwischen Italien und Slowenien die reich gewundenen Sträßchen der Karnischen und Julischen Alpen von Norden nach Süden und von Süden nach Norden ab:

Sella Nevea, Canale di Raccolana, Valle di Résia, Sella Carnizza, Passo di Tanamea. Asphaltbänder, die sich mitunter kaum handtuchbreit durch dunkle Felstunnel winden, in luftige Höhen schwingen, wieder hinabstürzen ins Tal und durch tief eingeschnittene Schluchten führen. Nur hier und da ein Haus mit Kräutergarten und Gemüsebeet oder eine kleine Ansiedlung, die wie ein Adlerhorst über den Klüften schwebt. Dazwischen nichts als Wälder, Felsen, Flüsse – Natur pur.

Eine schroffe Natur. Die nach der Schneeschmelze reißende Flüsse durch die Lande schickt. Die Geröllhalden in die Täler rumpeln lässt. Die in wenigen Sekunden die Kultur von 2.000 Jahren zertrümmert hat. Am 6. Mai und am 15. September 1976 erschütterten schwerste Erdbeben das Zentrum Friauls. In einem Gebiet von 4.800 Quadratkilometern wurden 40 Orte zerstört, 1.000 Menschen starben, 2.500 wurden verwundet. Als ich die mittelalterliche Stadtmauer, Türmchen und Tore Venzones erblicke, kann ich kaum glauben, dass hier einst kein Stein mehr auf dem anderen stand. Der venezianische Löwe schaut wieder vom Turm des Palazzo Comunale. Im Dom läuten wieder

Wuchtig schluchtig: Hinter Forgaría scheint der Dschungel zu beginnen – und auf jeden Fall eine Menge erstklassiger Kurvenstrecken

die Glocken. In den Laubengängen und pastellfarben getünchten Läden stellen Händler wieder ihre Ware aus. Am Brunnen auf der Piazza municipale spielen wieder die Kinder. Mit etwas Glück ergattere ich einen freien Platz im Straßencafé, schlürfe eine Aranciata mit dem Strohhalm und genieße das mediterrane Ambiente ringsum.

Anschließend rolle ich nach Süden, überquere bei Ragogna den Tagliamento und schlage mich auf kleinsten Bergstraßen zum Lago di Bárcis durch. Von der Osteria Ponte Antoi am Seeufer starten gerade einige Ducati zur Kurvenhatz über den Passo di San Osvaldo. Ich mit der BMW hinterher. Vorbei an den zackigen Zweitausendern im Süden, den zackigen Zweitausendern im Norden und dem parallel zur Fahrbahn verlaufenden azurblauen Fluss Cellina. In seinem breiten, blendend weißen Kiesbett haben Ausflügler Sonnenschirme, Liegestühle, Tische, Sessel, ja halbe Esszimmereinrichtungen aufgestellt und braten wie am Adriastrand in der Sonne. Stimmt ja, es ist Pfingstwochenende.

Zeit für ein Festessen in der Schinkenstadt San Daniele, die ich über Mauria-Pass und Sella Chianzutan erreiche. Hunderte Schinkenkeulen hängen in den örtlichen Bars hinterm Tresen. Weil die lokal produzierte Delikatesse durch den langwierigen Rauchprozess so fantastisch nach Buchenholz duftet, bestelle ich mir einen extragroßen Antipasto-Teller mit hauchdünn geschnittenen Scheiben und überlege, weshalb mir auf meiner Reise durchs Friaul noch kein einziges Schwein begegnet ist. Womöglich sind die Borstentiere vom Aussterben bedroht. In San Daniele werden über zwei Millionen Schinkenkeulen pro Jahr produziert. Tendenz steigend. Denn sogar Großeinkäufer Aldi hat jetzt den Schinken mit San-Daniele-Siegel fürs Kühlregal entdeckt.

Discounter, Kelten, Venezianer – seit jeher zogen Händler an San Daniele vorbei, liegt es doch an einem wichtigen Transitweg von der Adria über die Alpen nach Norden. Und seit jeher zogen sie wie das Gros der Reisenden an den verwinkelten Bergsträßchen abseits der Hauptrouten achtlos vorbei. Zum Beispiel am Passo di Pura, der sich östlich von Ampezzo in engen Serpentinen auf 1.425 Meter windet und – auf dem Weg zum Lago di Sauris – einen klaustrophobisch engen Felstunnel passiert. Ich lasse den See links liegen und taste mich über

eine schmale Bergstraße gen Norden. Gebirgsriegel nach vier Seiten, Fels, Geröll, hier und da eine Wiese, auf der leuchtend pink Alpenrosen blühen. Und mitten in dieser wilden, abgeschiedenen Welt: die Gemeinde Sauris. Bauernhäuser mit wunderschönen Holzfassaden und integrierten Heuschobern, Geranienkübel an jeder Ecke, ein paar Hühner – und Schweine. Aus denen man Sauris-Speck und -Schinken produziert. In uralter Handwerkskunst, erläutert Frau Schneider im Restaurant Alla Pace, deren Vorfahren es vor rund 800 Jahren aus Tirol und Kärnten in diese Gegend verschlagen hat, und hält mir einen verlockend duftenden Schinkenteller unter die Nase. Eigentlich will ich weiter zum Monte Zoncolàn und im Tankrucksack steckt bereits eine Schinkenkeule aus San Daniele. Doch ich lange zu. Bevor es auch die Einkäufer von Aldi in diese abgelegene Ecke der Italienischen Alpen verschlägt.

Gerade mal 1.052 Meter hoch – und dennoch spektakulär: die Forcella di Monte Rest

Das schönste Hinterzimmer der Alpen! Das Friaul ist die perfekte Alternative, wenn in der Saison die Dolomitenpässe zu voll werden. In den versteckten Winkeln an der österreichischen oder slowenischen Grenze, in den vielen abgelegenen Tälern oder auf stillen Bergstrecken zeigt das Friaul, dass es jede Menge Raum für Entdeckertouren freigehalten hat.

Route:

Toblach – Kreuzbergpass – Santo Stéfano – San Pietro – Sappada – Forni Avoltri – Comeglians – Paluzza – Paularo – Abstecher Passo del Casón di Lanza – Paularo – Tolmezzo – Móggio – Pontebba (durch Val d´Aupa) – Abstecher Passo del Casón di Lanza – Pontebba – Abstecher Dogna/Canale di Dogna – Pontebba – Tarvisio – Krajnska Gora (vor der Grenze noch Abstecher zu den Laghi di Fusine) – Vršič-Pass – Bovec – Passo del Predil (kurz vorher Abstecher Mautstraße Mangart) – Sella Nevea – Chiusaforte – Resiutta – Valle di Resia – Grenzübergang Uccea – Kobarid – Cividale – Áttimis – Lusévera (über Bergstrecke) – Passo di Tanamea – Valle di Resia – Móggio – Venzone – Gemona – San Daniele – Maniago – nördlich über die Berge nach Andreis – Passo di San Osvaldo – im Piave-Tal bis Lozzo – Passo di Mauria – Ampezzo – Sauris – Sella di Razzo – Val Pesarina/Prato – Ovaro – über Monte Zocolàn nach Sútrio – Tolmezzo – Sella Chianzutan – Forgária – Clauzetto/Vito – Lago die Tramonti – Forcella di Monte Rest – Ampezzo – Passo di Mauria – Auronzo di Cadore – Comélico – Toblach → **ca. 960 km**

Sanfte Entwicklung: Viele Häuser im Friaul haben ihren besonderen Charme, weil sie unaufdringlich und naturverbunden gebaut sind

Varianten:

Von San Pietro di Cadore führt in nördlicher Richtung die Panoramica delle Vette in die Berge auf 2.000 m hoch.

- Westlich von Forgária zweigen winzige Strassen in die dschungelartig bewachsenen Berge ab, die sich zu einer kleinen Runde kombinieren lassen.
- Vom Lago di Bárcis besteht nach Süden eine Verbindung nach Aviano sowie Budóia, die man zu einer Dreieckstour ausbauen kann (rund 50 km). Oder man fährt von Budóia am markanten Rand der Alpen bis kurz vor Cáneva und dann nordwestlich in die Berge. Die herrlich gewundene Strecke kann man noch mit einem weiteren Kurvenreigen hinunter nach Vittório Véneto und Rückfahrt zur SS 422 über Sármede ergänzen. Über Farra und Pieve d´Alpago kommt man dann nach Ponte und über Longarone und den Passo di San Osvaldo zurück zum Lago di Bárcis (170 km erstklassiger Kurvenstrecken für die gesamte Runde).
- Verbindung zu Tour 3 (Dolomiten) stellt man von Pieve di Cadore nach Forno di Zoldo/Monte Rite her (20 km) oder von Auronzo di Cadore nach Cortina d´Ampezzo/Passo Tre Croci (30 km). Verbindung zu Tour 5 (Trentino/Veneto) macht man nach Feltre, das man von Langarone über Belluno auf SS 51 und SS50 erreicht (50 km).

Venzone – ein mittelalterliches Kleinod des Friaul

Pässe der Region:

Kreuzbergpass (1.636 m)
Plöckenpass (1.357 m)
Nassfeldpass (1.530 m)
Passo del Casón di Lanza (1.552 m)
Sella di Cereschlatis (1.066 m)
Vršič-Pass (1.611 m)
Mangart-Mautstraße (1.995 m)
Passo del Predil (1.156 m)
Sella Nevea (1.190 m)
Sella Carnizza (1.092 m)
Passo di Tanamea (850 m)
Passo Sella Chianzután (954 m)

Forcella di Monte Rest (1.052 m)
Monte Zoncolàn (1.730 m)
Panoramica delle Vette (1.967 m)
Passo di Mauria (1.298 m)
Passo di San Osvaldo (827 m)
Passo di Pura (1.425 m)
Sella di Razzo (1.760 m)

Sehenswert:

Nahe **Tarvisio** ist der Naturpark der **Laghi di Fusine** ein Abstecher mit Alpenidylle pur. Vor allem im unteren, größeren der beiden Seen spiegeln sich perfekt die Gipfel der Julischen Alpen Sloweniens. Am oberen See ist die putzige Bar »ai 7 nani – Zu den Sieben Zwergen« einen Zwischenstopp mit Brotzeit wert.

■ Oberhalb des türkisgrünen Stausees Lago di Sauris liegt **Sauris** mit einem oberen und einem unteren Ortsteil. Schon die Zufahrt entweder über den Passo di Pura oder über die alte Tunnelstraße östlich von Ampezzo ist die Reise wert. Im oberen Ortsteil (Sauris di Sopra)

Die Berge der Karnischen und Julischen Alpen brauchen sich vor den populäreren Dolomiten-Gipfeln nicht zu verstecken

finden sich sehr alte Bauernhäuser mit den bezeichnenden Gittervorbauten. Mit seinen rund 400 Einwohnern ist die Gemeinde Sauris eine auf das Mittelalter zurückgehende deutsche Sprachinsel.

■ Mit seiner komprimierten mittelalterlichen Altstadt ist **Venzone** eines der schönsten Städtchen Friauls. Es gibt eine Stadtmauer mit Türmchen und Toren, einen Dom, verwinkelte Gassen und hübsche Straßencafés und Freiluft-Restaurants. Nach dem verheerenden Erdbeben 1976 wurde der Ort originalgetreu wieder aufgebaut.

■ Sehenswert ist auch der größere Nachbarort **Gemona del Friuli**, ebenfalls mit perfekt restauriertem historischen Ortskern. Die zum Dom aus dem 14. Jahrhundert führende Via Bini mit prunkvollen Häusern und Laubengängen ist die prächtigste Straße.

■ **San Daniele del Friuli** liegt in den letzten Ausläufern der Alpen und ist als berühmte Schinkenstadt einen Abstecher wert. In den Gassenzügen um die zentrale Piazza mit Dom hängen in allen Bars und Kneipen die speziellen luftgetrocknete Schinkenkeulen von der Decke.

■ Die Römergründung **Cividale del Friuli** ist ebenfalls eine Station hart an den letzten Ausläufern der Alpen und inmitten einer Weinregion. Der sehenswerte Stadtkern hat noch viel mittelalterliche Bausubstanz. Malerisch ist der Blick von der Ponte del Diavolo auf

Cividale ist ein weiteres Kleinod der friulischen Städte

Stadt und Fluss Natisone. Und den Palazzo des venezianischen Statthalters auf der Piazza del Duomo entwarf der berühmte Architekt Palladio.

Literatur:

Der sonst sehr empfehlenswerte Reiseband »Venetien & Friaul« aus dem Michael Müller Verlag für 15,90 Euro vernachlässigt leider das nördliche Friaul.

■ Im Reise-Know-How-Verlag ist der Band »Friaul, Venetien mit Gardasee« zum Preis von 19,90 Euro erschienen.

Karte:

Generalkarte Extra Italien, Blatt 4 »Veneto/Friaul« im Maßstab 1:200.000 zum Preis von 7,50 Euro.

■ ADAC-Karte »Gardasee, Venetien und Friaul« mit Ortsregister, Maßstab 1:200.000, ADAC Verlag, Preis 7,50 Euro.

■ Sehr empfehlenswert ist die Straßenkarte »Friaul–Ventien«, ebenfalls im Maßstab 1:200.000 von Kümmerly & Frey für 7,90 Euro

Übernachten:

Idealer Ausgangspunkt für grenzüberschreitende Touren nach Österreich und Slowenien: Locanda Edelhof, Via Armando Diaz 1, 33018 Tarvisio, Tel.: 0039-0428-644025, Fax: -644735, Internet: www.hoteledelhof.it, E-Mail: info@hoteledelhof.it . Für die Übernachtung mit Frühstück im DZ zahlt man pro Person ab 40 Euro.

■ Interressante Tourentipps bekommt man im Hotel alla Torre, Via del Lago 1, 33038 San Daniele del Friuli, Tel./Fax: 0039-0432-954562, Internet: www.hotelallatorre.com, E-Mail: hotelallator re@libero.it. Für die Übernachtung mit Frühstücksbuffet im DZ zahlt man pro Nase 47 Euro. Deutsch wird gesprochen.

■ Nahe der A 23 ca. 6 km nördlich von Venzone gelegen: Hotel Carnia, Via Canal del Ferro 28, 33010 Stazione Carnia – Venzone, Tel.:

Fata Morgana? Auch wenn der Lago di Barcis künstlich ist, sind seine fantastischen Spiegelungen real

0039-0432-978106, Fax: -978187, Internet: www.hotelcarnia.it, E-Mail: info@hotelcarnia.it. Für die Übernachtung mit Frühstück im DZ zahlt man pro Person 37,50 Euro.

■ Bergidylle abseits der Hauptverkehrsrouten genießt man im Meublé Schneider in Sauris di Sotto, Tel.: 0039-0433-86010, Fax: -86220, E-Mail: allapace@libero.it. Für die Übernachtung mit Frühstück im DZ zahlt man pro Person 32,50 Euro. Im zugehörigen Restaurant Alla Pace gibt es u. a. leckere hausgemachte Pasta-Gerichte. Deutsch wird gesprochen.

Informationen:

Auskünfte erteilt der Tourismusverband der Region Friuli Venezia Giulia, Via Miramare 19, 34135 Triest, Tel.: 0039-040-3775747, Fax: -3775796, E-Mail: info.turismo@regione.fvg.it, Internet: www.regione.fvg.it

■ Über Slowenien informiert: Slowenisches Fremdenverkehrsamt, Maximiliansplatz 12 a, München, Tel.: 089-29161202, Fax: -29161273, E-Mail: slowenien.fva@t-online.de, Internet: www.slovenia-tourism.si

Internet-Adressen:

Die englisch- und italienischsprachige Seite www.provincia.udine.it hat vielfältige Informationen zu Geographie, Geschichte und Sprache der Provinz. Spezielle Infos können über jede einzelne Stadt abgerufen werden.

- Aktuelles, Sehenswert, Aktivitäten, Veranstaltungen, Unterkünfte, Ortsbeschreibungen unter **www.cosetur.com**
- Feste, Kultur, Gastronomie unter **www.madeinfriuli.com**
- Umfangreiche Link-Sammlung zu verschiedenen Rubriken (Ortschaften, Hotels, Restaurants, Agritourismus u.v.m.): **www.friaulonline.de**
- Natur, Kultur, Sehenswert, Aktivitäten, Unterkünfte unter **www.tarvisiano.org**
- Italienischsprachige Seite über den Ersten Weltkrieg an der Isonzo-Front: **www.grandeguerra.ccm.it**
- Geschichte, Brauchtum, Unterkünfte, Restaurants, Wetterinfos u.v.m. unter **www.turismo.fvg.it**
- Infos über die Gemeinde Sauris (Geschichte, Sprache, Kultur, lokale Küche, Unterkünfte etc.) unter **www.sauris.com**

Tipp:

Jedes Jahr findet in San Daniele del Friuli vier Tage lang (das Ende fällt immer auf das letzte Wochenende im August) das größte Schinkenfest der Welt statt. Auskünfte erteilt Pro Loco San Daniele, Tel.: 0039-0432-940765.

- Am Lago di Bárcis treffen sich jedes Wochenende die einheimischen Motorradfahrer an und um die Osteria Ponte Antoi am südlichen See-Ufer bei der Dammstraße. Wer Lust auf ein Bad hat, findet einige hundert Meter weiter östlich ruhige Ecken am See.

Reisezeit:

An den größeren Oberitalienischen Seen zieht der Frühling mitunter schon Ende Februar ein. Wer so zeitig anreisen will, muss beispielsweise über Brenner und Etschtal nach Süden fahren und am Alpensüdrand nach Westen queren, weil die meisten Pässe zu dieser Zeit geschlossen sind. So ist beispielsweise der Gavia-Pass nur von Juli bis Oktober zu fahren, die Stilfser-Joch-Hochalpenstraße von Mitte Juni bis November, der Umbrailpass von Anfang Juni bis Anfang November und das Timmelsjoch von Mitte Juni bis Mitte Oktober. Wettereinbrüche können die Öffnungszeiten verschieben. Aktuelle Informationen hierzu siehe »Internet-Adressen«.

■ August ist Ferienzeit in ganz Italien. Dann wird es eng an den Uferstraßen der Seen und den Hauptferienrouten in den Bergen. Staus sind zu dieser Zeit auf Dolomitenpässen keine Seltenheit, die Seen im Einzugsbereich von Großstädten wie Mailand sind heillos überfüllt. Am angenehmsten touren lässt es sich im Juni und September.

Allround-Talent: Ob von der Seite betrachtet oder gespiegelt, immer zeigt der Langkofel markantes Profil

Literatur:

Wer sich schnell und unkompliziert auf italienisch unterhalten will, wählt »Italienisch Wort für Wort«, Kauderwelsch-Band 22 des Reise-Know-How Verlages, Preis 7,90 Euro (die zugehörige Tonkassette kostet 7,90 Euro extra). Empfehlenswert ist auch der im selben Verlag erschienene »ReiseWortSchatz Italienisch« für 8,90 Euro.

■ Für Ausgleichsbewegung zwischendurch: Der Bergverlag Rother, München, hat eine sehr umfangreiche Palette an Wanderführern zu fast allen Regionen der Alpen. Infos im Internet unter www.rother.de .

■ Information zu Reiseliteratur, Wanderführer, Landkarten findet man im Internet auch unter www.alpina-net-con.net .

■ Der Athesia Verlag in Bozen hat ein sehr breites Spektrum an Büchern zu Brauchtum und Geschichte Südtirols, z. B.:Hintergründiges über den Dolomitenkrieg auf 208 Seiten und in über 400 Bildern: Michael Wachtler, Günther Obwegs: »Dolomiten – Krieg in

Malerischer Winkel hoch über dem Iseo-See

Alphornblasen ist im Grödner Tal eine gepflegte Tradition

den Bergen«, Athesia Spectrum Verlag, 19,90 Euro. Internet-Infos über das Verlagsprogramm unter www.athesia.com .

■ Der »Große Alpenstraßenführer« aus dem Denzel Verlag Innsbruck erscheint in völlig überarbeiteter Neuauflage (22. Ausgabe) im Frühjahr 2005. Preis voraussichtlich 36 Euro. Das langjährige Standardwerk über Alpenpässe gibt für den gesamten Alpenraum eine genaue Beschreibung zu fast jeder Pass-Straße. Infos unter www.denzelverlag.de .

■ Der Motorradatlas »Österreich, Südbayern, Südtirol« von Freytag & Berndt im Maßstab 1:200.000 umfasst zwar nur einen Teil der Italienischen Alpen (es fehlt das Friaul und der südliche Teil von Tour 3 sowie die Region von Tour 5). Aber durch seine Ringbuch-Konzeption mit 60 herausnehmbaren wasserfesten Karten, die ungefaltet in den Tankrucksack passen, ist er ausgesprochen motorradfreundlich. Zusätzlicher Gebrauchswert: Jedes der Kartenblätter hat einen eigenen Ortsindex. Preis: 29,90 Euro.

Karten:

ADAC-Karte »Alpen« aus der Reihe Länderkarten Europa, Maßstab 1:750.000, 7,50 Euro.

■ ADAC-Karte »Italien-Nord« aus der Reihe Länderkarten Europa, Maßstab 1:500.000, 7,50 Euro.

■ »Italien Nord« von Freytag & Berndt, Maßstab 1:500.000, Preis 8,80 Euro.

Informationen:

Allgemeine Auskünfte erteilt das Italienische Fremdenverkehrsamt ENIT mit folgenden Büros:

- Goethestraße 20, 80336 München, Tel.: 089-531317, Fax: -534527
- Kaiserstraße 65, 60329 Frankfurt/M., Tel.: 069-237430, Fax: - 232894
- Karl-Liebknecht-Straße 34, 10178 Berlin, Tel.: 030-2478397, Fax: -2478399
- Für Prospektbestellungen gibt es für ganz Deutschland eine gebührenpflichtige Servicenummer: 0190-706440; Infos im Internet unter www.enit.it .

Wichtige Telefonnummern:

Pannenhilfe ACI: 116
(vom Mobiltelefon: 800 116 800)

- Polizei und Rettung: 112

Internet-Adressen:

Das Wetter in den italienischen Alpen unter www.meteoitalia.it und www.meteolive.it (italienischsprachige Seiten)

- Aktueller Alpenstraßenbericht unter www.oeamtc.at, www.donnerwetter.de und für ADAC-Mitglieder unter www.adac.de
- Offizielle Seite (italienisch und englisch) des italienischen Automobilclubs mit vielen Tipps auch für Nicht-Mitglieder: www.touringclub.it
- Wetterinfos, Karten, Literatur sowie Infos über Bergwandern und Sportklettern in den italienischen Alpen unter www.alpenverein.it
- Stauberichte, Webcams, Routenplaner, Wetter unter www.autostrade.it (auf italienisch)
- Infos über Natur- und Nationalparks unter www.parks.it
- Regionale Tipps (Unterkünfte, Sehenswert, Ortsbeschreibungen) unter www.emmiti.it

■ Unterkünfte in ländlicher Umgebung nach Regionen geordnet: **www.agriturismo.com**
■ Wetterinfos nach Regionen, Restauranttipps, Nachrichten, Buchtipps u.v.m. unter **www.italien.info**
■ Museen, Unterkünfte, regionale Küche u.v.m unter **www.wel.it**
■ Spezielle Motorradhotels in Österreich und Südtirol unter **www.moho.at**

Tipp:

Wenn die Anreise zu lang wird: Alternativ kann man Kilometer sparen und mit dem Autozug bis nach Bozen oder Verona fahren und dort erst auf das Moto steigen. Informationen und Buchung unter Telefon 01805-241224; im Internet unter www.dbautozug.de
■ Die Bibliothek des Deutschen Alpenvereines in München (Praterinsel 5) hat einen umfassenden Buchbestand zu Wandern, Bergsteigen, Geographie, Brauchtum, Siedlungsgeschichte, Gebirgskrieg etc. Die Benutzung kostet für Nichtmitglieder 10 Euro, für Mitglieder ist sie frei. Die Bibliothek ist dienstags und donnerstags von 15–20 Uhr geöffnet. Tel.: 089-21122425, E-Mail: bibliothek@alpenverein.de, Internet: www.alpenverein.de.

Als wären diese Berge nur für uns Motorradfahrer gemacht: Hölzernes Moto-Monument nahe des Karersees